Gesellschaftliche Selbstermächtigung in Deutschland

Peter Kirsch · Hanno Kube ·
Reimut Zohlnhöfer

Gesellschaftliche Selbstermächtigung in Deutschland

Fridays for Future und
Corona-Skepsis im Vergleich

 Springer VS

Peter Kirsch
Abteilung Klinische Psychologie
Zentralinstitut für Seelische Gesundheit
Mannheim, Deutschland

Hanno Kube
Institut für Finanz- und Steuerrecht
Universität Heidelberg
Heidelberg, Baden-Württemberg
Deutschland

Reimut Zohlnhöfer
Institut für Politische Wissenschaft
Universität Heidelberg
Heidelberg, Baden-Württemberg
Deutschland

ISBN 978-3-658-39086-0   ISBN 978-3-658-39087-7   (eBook)
https://doi.org/10.1007/978-3-658-39087-7

Die Deutsche Nationalbibliothek verzeichnet diese Publikation in der Deutschen Nationalbibliografie; detaillierte bibliografische Daten sind im Internet über http://dnb.d-nb.de abrufbar.

Planung/Lektorat: Jan Treibel
Springer VS ist ein Imprint der eingetragenen Gesellschaft Springer Fachmedien Wiesbaden GmbH und ist ein Teil von Springer Nature.
Die Anschrift der Gesellschaft ist: Abraham-Lincoln-Str. 46, 65189 Wiesbaden, Germany

Vorwort

Dieses Buch ist aus einem gemeinsamen Projekt der Autoren am Marsilius-Kolleg der Universität Heidelberg entstanden, das wir von 2020 bis 2021 als Fellows des Kollegs durchgeführt haben. Ausgangspunkt war die – durchaus auch in der Öffentlichkeit diskutierte – Frage, ob und gegebenenfalls in welchem Umfang die Menschen das Recht zunehmend in die eigene Hand nehmen und sich über geltendes Recht, aber auch über gesellschaftliche Konventionen hinwegsetzen. Als wir unser Projekt im Jahre 2019 konzipierten, war von einer weltweiten Pandemie, den dadurch notwendig werdenden Einschränkungen in unserem Zusammenleben und der sich daraus ergebenden gesellschaftlichen Auseinandersetzung über Sinnhaftigkeit und Umsetzung der Maßnahmen keine Rede. Damals dachten wir an die Schulstreiks der Fridays-for-Future-Bewegung, aber auch an Phänomene wie Angriffe auf Rettungskräfte und Kommunalpolitiker oder an die Aktionen radikaler Tierschützer. Unser Ziel war es, dieses Verhalten, das wir als gesellschaftliche Selbstermächtigung bezeichneten und immer noch bezeichnen, zu beschreiben, zu vermessen, zu erklären und uns Gedanken darüber zu machen, wie man, sollte es sich tatsächlich um ein substanzielles Problem handeln, entgegenwirken kann. Dann kam die Corona-Pandemie und mit ihr eine Form der gesellschaftlichen Selbstermächtigung, die in ihrer Sichtbarkeit, aber auch in ihrer Präsenz im gesellschaftlichen Diskurs, dem Thema eine ganz neue Dimension verliehen hat. Auch wenn wir gerne auf die Pandemie verzichtet hätten, hat sie uns aber aus wissenschaftlicher Sicht, wie auch unzähligen anderen Wissenschaftlerinnen und Wissenschaftlern, ein Forschungsfeld eröffnet, das einmalig ist. So konnten wir durch eine wiederholte repräsentative Untersuchung die Dynamik gesellschaftlicher Selbstermächtigung in Krisenzeiten studieren und damit sonst nicht mögliche Einsichten erhalten. Unser Projekt hat dadurch nochmals ganz erheblich an Bedeutung und Aktualität gewonnen und sehr viel mehr öffentliche

Aufmerksamkeit erhalten, als wir es ursprünglich erwartet hätten. Aus diesem Projekt ist nun das vorliegende Buch entstanden. Wir hoffen, dass Sie, verehrte Leserinnen und Leser, Interesse an ihm finden und neue Erkenntnisse daraus gewinnen.

Bedanken möchten wir uns an dieser Stelle insbesondere beim Marsilius-Kolleg der Universität Heidelberg, das uns durch unser Fellowship Freiräume geschaffen hat, die dieses Projekt und die vorliegende Publikation überhaupt erst ermöglicht haben. Namentlich zu erwähnen sind der Geschäftsführer Tobias Just und das Direktorium des Kollegs, Prof. Dr. Friederike Nüssel und Prof. Dr. Michael Boutros, die unser Projekt mit großem Wohlwollen und Interesse verfolgt und ideell wie finanziell, nicht zuletzt durch die Finanzierung unserer Befragungen, unterstützt haben. Den Mit-Fellows unserer Klasse am Kolleg danken wir ganz herzlich für die vielen hilf- und erkenntnisreichen Diskussionen während unserer dortigen gemeinsamen Zeit. Dank für Kommentare zum Fragebogen, zum Text dieses Buches sowie für Unterstützung bei der Aufbereitung der Daten und der Ergebnisse schulden wir Kathrin Ackermann, Fabian Engler, Frederic Kohlhepp, Marie Schliesser und Silja Wübbelmann.

Heidelberg   Peter Kirsch
im Juli 2022   Hanno Kube
                                                              Reimut Zohlnhöfer

Inhaltsverzeichnis

Gesellschaftliche Selbstermächtigung: Begriff und Einordnung

Finanz- und Schuldenkrise, Flüchtlingskrise, Klimakrise, Coronapandemie, Ukrainekrieg – wir leben in einer Gegenwart, die von Krisen bestimmt, von Sorgen und Ängsten geprägt zu sein scheint. In einer solchen Zeit wird das Vertrauen in die hergebrachten politischen und gesellschaftlichen Institutionen und Verfahren strapaziert. Die Menschen[1] fragen – zu Recht – danach, ob diese Institutionen und Verfahren dazu geeignet und in der Lage sind, die großen Krisen zu bewältigen und das Land in eine gute Zukunft zu führen. Mitunter scheint das Vertrauen so weit zu schwinden, dass Einzelne und Gruppen dazu übergehen, das Heft des Handelns wieder stärker in die eigene Hand zu nehmen und sich in diesem Sinne selbst zu ermächtigen, um ihrem Unmut Ausdruck zu verleihen und Dinge zu bewegen. Ein Beispiel sind die Fridays for Future-Demonstrationen, die gerade während des Schulunterrichts stattfinden, um die Bedeutung des politischen Anliegens zu unterstreichen und Aufmerksamkeit zu erregen. Als weiteres Beispiel lassen sich Corona-Demonstrationen nennen, auf denen ganz bewusst Auflagen missachtet und Grenzen überschritten werden. Gleiches gilt für Einbrüche in Tierzuchtbetriebe, bei denen Verstöße gegen strafrechtliche Normen in Kauf genommen werden, um das Leiden der Tiere dokumentieren und sichtbar machen zu können. Die Mitglieder der „Last Generation"-Bewegung blockieren unter anderem Straßen, um auf die Dringlichkeit des Themas Klimaschutz hinzuweisen. Und wenn Kommunalpolitikerinnen und -politiker in jüngerer Zeit verstärkt beschimpft und tätlich angegriffen werden, dann zeigt sich auch hierin eine Form der Selbstermächtigung, die auf geschwundenem Vertrauen und auf Unzufriedenheit mit der Leistungsfähigkeit des politischen Systems zu beruhen

---

[1] In diesem Buch verwenden wir das generische Femininum, das generische Maskulinum und die ausdrückliche Erwähnung mehrerer Geschlechter synonym, es sind jeweils alle Geschlechter gemeint.

© Der/die Autor(en), exklusiv lizenziert an Springer Fachmedien Wiesbaden GmbH, ein Teil von Springer Nature 2022
P. Kirsch et al., *Gesellschaftliche Selbstermächtigung in Deutschland*,
https://doi.org/10.1007/978-3-658-39087-7_1

scheint. Wie groß und weitreichend das Potential möglicher Selbstermächtigung ist, wird deutlich, wenn man sich Gruppen wie die „Reichsbürger", die „Selbstverwalter" (prepping) und die Anhänger vielfältiger Verschwörungstheorien vor Augen führt.

Diese zunächst diffusen, aber zugleich deutlichen Befunde standen im Ausgangspunkt der Überlegung, dem Phänomen der gesellschaftlichen Selbstermächtigung genauer, mit wissenschaftlichen Methoden nachzugehen, um das Phänomen verstehen, seine problematischen, aber auch seine gemeinwohlförderlichen Dimensionen unterscheiden und am Ende möglicherweise einen Beitrag zu der Frage leisten zu können, auf welchen Mechanismen gesellschaftlicher Zusammenhalt beruht.

Ein solches Vorhaben kann von vornherein nur interdisziplinär gelingen. Soweit das Zusammenleben im Gemeinwesen durch rechtliche Regeln strukturiert und im Übrigen von ungeschriebenen Regeln und Konventionen geprägt ist, die im Zuge gesellschaftlicher Selbstermächtigung überschritten werden, ist die Rechtswissenschaft angesprochen, deren Metier die verbindlichen Regeln des Gemeinwesens sind. Weil Selbstermächtigung vom Einzelnen ausgeht, dessen Handeln psychologisch zu erklären ist, kann eine Studie über Selbstermächtigung ohne die Fachexpertise der Psychologie nicht auskommen. Und last but not least geht es beim Phänomen der Selbstermächtigung zugleich um einen gesellschaftsweit zu beobachtenden Befund, der das politische Zusammenleben und in der Sache zumeist auch konkrete politische Themen betrifft. Deshalb darf auch der politikwissenschaftliche Blick auf den Untersuchungsgegenstand nicht fehlen. Diese Erwägungen erklären die Zusammensetzung der Gruppe der Forscher, die sich in dieser Sache zusammengefunden haben und die auch die Autoren dieses Buches sind.

Gesellschaftliche Selbstermächtigung definieren wir als die bewusste Überschreitung rechtlicher und auch nichtrechtlicher Normen aus politischen, idealistischen und ethischen Gründen, dies insbesondere in Abgrenzung zum Bereich klassischer Kriminalität, bei der zumeist materielle Ziele im Vordergrund stehen. Diese Definition ist damit recht weit und umfasst verschiedene Formen der und Motive für Selbstermächtigung. In unseren Analysen haben wir zwei Formen von Selbstermächtigung identifiziert: Zum einen Formen, bei denen der Verstoß gegen eine rechtliche oder auch nichtrechtliche Regel primär dazu dient, Aufmerksamkeit auf ein Thema zu lenken. Die Norm selbst wird dabei nicht infrage gestellt, sondern in ihrer grundsätzlichen Geltung letztlich bestätigt (etwa im Fall des Schulstreiks). Diese Form der Selbstermächtigung bezeichnen wir als instrumentelle Selbstermächtigung. Sie verweist auf den Begriff des zivilen Ungehorsams, der seine Wirkungskraft gerade aus dem Regelverstoß gewinnt. Die Definition ist aber, zum anderen, auch offen für Formen der Selbstermächtigung, bei denen der Normverstoß in erster Linie als solcher wirken soll, als Ausdruck von Distanzierung und Ablehnung, sei es einer bestimmten politischen Entscheidung, der Regel, gegen die verstoßen wird, selbst, aber nicht zuletzt auch des politischen Systems insgesamt, das diese Regel hervorgebracht hat. Diese Art der Selbstermächtigung, die wir als für das Zusammenleben im Gemeinwesen tendenziell problematischer ansehen als die instrumentelle Selbstermächtigung, bezeichnen wir als expressive Selbstermächtigung. Wir finden deutliche empirische Hinweise darauf, dass die expressive Selbstermächtigung Ausdruck der Wahrnehmung der betroffenen Menschen ist, dass ihre politischen Positionen im politischen System nicht oder nicht ausreichend repräsentiert werden.

Auf Grundlage dieser Definition und Umgrenzung des Themas ist die Untersuchung in verschiedene Abschnitte gegliedert, die sich in den Kapiteln des Buches widerspiegeln. Am Anfang steht die genaue Ausleuchtung und Strukturierung des Gegenstandes, vor allem aus rechtlicher Perspektive. Wie steht das Rechtssystem zu verschiedenen Formen gesellschaftlicher Selbstermächtigung? Wie weit reichen rechtliche Rechtfertigungsgründe, grundrechtliche oder auch übergreifende staatsrechtliche und staatsphilosophische Überlegungen? Wie verhält sich das Rechtssystem zu den zu beobachtenden Übertretungen nichtrechtlicher Konventionen? Stellen sie sich als zu begrüßende Impulse für eine politisch-demokratische Weiterentwicklung und Erneuerung dar, oder sollte sich das Rechtssystem ihnen – durch neue rechtliche Grenzziehungen – entgegenstellen?

Im Anschluss an diese, das Weitere fundierende Strukturierung ist die Empirie in den Blick zu nehmen. So haben wir uns die Frage gestellt, wie viel Selbstermächtigung derzeit existiert, wovon also tatsächlich auszugehen ist. Hierzu haben wir – zeitlich versetzt zwei repräsentative Befragungen durchgeführt, die dazu dienen, zielgerichtet zu ermitteln, wie sich das Phänomen der Selbstermächtigung in Zahlen und Zusammenhängen darstellt. Dabei haben wir einerseits abstrakt abgefragt, wann die Befragten meinen, sich (nicht) an Regeln halten zu müssen. Darf man ausnahmsweise seinem Gewissen folgen oder muss man sich immer an Regeln halten? Darf man gar das Recht in die eigene Hand nehmen? Oder muss man sich nur an Regeln halten, wenn man erwischt zu werden droht oder wenn man mit der Regel einverstanden ist? Darüber hinaus haben wir uns auf zwei unterschiedliche empirische Formen der Selbstermächtigung konzentriert und entsprechende Fragen gestellt, zum einen auf die Fridays for Future-Demonstrationen, zum anderen auf Corona-Demonstrationen. Diese inhaltliche Verklammerung einerseits und die Wiederholung der Befragung andererseits haben zu sehr aufschlussreichen Ergebnissen geführt, die wir zunächst zusammenfassend darstellen.

Vor dem Hintergrund dieser empirischen Erschließung gehen wir in zwei weiteren Kapiteln detailliert zum einen auf das Profil der Fridays for Future-Selbstermächtiger, zum anderen auf das der Corona-Selbstermächtiger ein. Die empirische Untersuchung beider Aspekte erfolgt möglichst parallel, um Vergleiche zwischen beiden Gruppen ziehen zu können. Dabei zeigen sich erstaunliche Unterschiede zwischen Menschen, die Fridays for Future unterstützen, und solchen, die den Corona-Maßnahmen skeptisch gegenüberstehen. Erstere sind typischerweise gut ins politische System integriert, politisch interessiert, sie vertrauen der Wissenschaft und den sozialen Medien, glauben aber auch, dass Politiker ihre Wahlversprechen zu halten versuchen. Befürworterinnen der Klimaschulstreiks sind zufrieden mit der Problemlösungsfähigkeit des politischen Systems – mit der zentralen Ausnahme des Klimaschutzes –, sie neigen zu Parteien links der Mitte, weisen hohes soziales Vertrauen auf und wir finden keine Hinweise auf Entfremdung vom politischen System: Weder bei politischer Selbstwirksamkeit noch bei Demokratieunzufriedenheit oder der Wahl von Protest- oder Antisystemparteien lassen sich vom Durchschnitt der Befragten abweichende Zusammenhänge erkennen.

Anders sieht es dagegen bei Menschen aus, die sich in Bezug auf die Corona-Regeln selbstermächtigen. Ihre Beziehung zu Gesellschaft und Politik lässt sich mit dem Stichwort Entfremdung zusammenfassen: Dass diese Menschen unzufrieden mit der Corona-Politik sind und sie die entsprechenden Einschränkungen für nicht gerechtfertigt halten, liegt auf der Hand. Auffälliger ist schon das geringe interpersonelle Vertrauen dieser Personen, das zudem einher geht mit signifikant geringem demokratischen und rechtsstaatlichen Vertrauen und niedrigerer Demokratiezufriedenheit als der Durchschnitt. Auch die signifikant höhere Neigung zu Nichtwahl und zur Wahl der AfD weisen in diese Richtung, ebenso wie das Misstrauen gegenüber Wissenschaft und öffentlich-rechtlichen Medien, das Vertrauen in soziale Medien und die ausgeprägte Verschwörungsmentalität.

In einem übergreifenden Diskussionskapitel ziehen wir anschließend gleichsam die Summe und erörtern weitere Folgerungen aus den Ergebnissen. Insbesondere untersuchen wir aus gesellschaftswissenschaftlicher wie psychologischer Perspektive die These, dass sich in expressiver Selbstermächtigung eine Repräsentationslücke niederschlägt. In den vergangenen fünfzehn Jahren wurden viele höchst folgenreiche Entscheidungen – von der Eurorettung über die Migrationspolitik bis zur Bekämpfung der Corona-Pandemie mithilfe ganz erheblicher Grundrechtseinschränkungen – getroffen, die auch überragende öffentliche Aufmerksamkeit erhielten. Dennoch waren sich die etablierten Parteien im Bundestag jeweils weitgehend einig, oft gab es kaum inhaltlich nennenswert abweichende Positionen, wenn man von Details absieht. Dies, so scheint es, könnte bei

Anhängerinnen und Anhängern der nicht-repräsentierten Positionen zu einer Generalisierung von Frustration geführt haben, die sich politisch in Entfremdung vom repräsentativdemokratischen System niedergeschlagen hat, die dann zu expressiver Selbstermächtigung führt.

Ein abschließendes Fazit dient der Bewertung und dem perspektivischen Blick nach vorne. Denn es stellt sich die große Frage, wie insbesondere der tendenziell gesellschaftlich schädlichen expressiven Selbstermächtigung entgegengewirkt werden kann, wie namentlich die wahrgenommene Repräsentationslücke geschlossen werden kann und wie das notwendige Vertrauen in das Gemeinwesen, insbesondere in die Leistungsfähigkeit unseres politischen Systems erhalten bzw. wiederhergestellt werden kann. Nur dann, wenn wir vertrauen und – zu Recht – vertrauen können, werden wir in der Lage sein, die gegenwärtigen Krisen zu meistern und auch weitere Krisen, die kommen werden, zu bewältigen.

Was ist gesellschaftliche Selbstermächtigung?

2

Gesellschaftliche Selbstermächtigung ist ein Phänomen, das sich auf Regeln und Regelüberschreitungen bezieht. Regeln und Regelüberschreitungen sind zentraler Gegenstand der Rechtswissenschaft. Aus diesem Grund bietet es sich an, sich der gesellschaftlichen Selbstermächtigung rechtswissenschaftlich zu nähern und sie juristisch zu vermessen, dadurch zu strukturieren, einzuordnen und verständlich zu machen.

2.1 Selbstermächtigung als idealistisch, politisch oder auch ethisch motivierte Rechtsverletzung

Die Ermächtigung ist die Verleihung von Macht, unter rechtlichem Gesichtspunkt die Verleihung von Rechtsmacht, die Berechtigung oder auch Ausstattung mit einem Recht. Eine rechtliche Ermächtigung in diesem Sinne braucht nach dem Konzept des modernen Verfassungsstaates grundsätzlich nur der Staat, der dementsprechend mit Aufgaben betraut, mit Kompetenzen und Befugnissen versehen wird (Straßburger i. E.). Demgegenüber ist der Mensch natürlich frei. Er handelt – wofür im staatsphilosophischen Kontext in besonderer Weise John Locke steht (Locke 1992 [1689]: 2. Abhandlung, Kap. 5) – auf Grundlage vorausliegender Freiheitsrechte, die sich der Staatsgewalt entgegenhalten lassen. Anders als der Staat bedarf der Mensch zunächst also keiner rechtlichen Ermächtigung.

Allerdings muss die Freiheit des einen mit der Freiheit des anderen in Einklang gebracht werden. Zu ebendieser Abstimmung der individuellen Freiheitssphären, an erster Stelle zur Sicherung des gesellschaftlichen Friedens und der Sicherheit, ist der Staat durch die Gesellschaft ermächtigt und mit Kompetenzen und Befugnissen ausgestattet. Der Staat schafft auf Grundlage dieser Ermächtigung eine Rechtsordnung. Diese verrechtlicht die natürlichen Freiheiten der Menschen und

P. Kirsch et al., *Gesellschaftliche Selbstermächtigung in Deutschland*, https://doi.org/10.1007/978-3-658-39087-7_2

schränkt sie dabei ein, um den Freiheiten aller anderen Rechnung zu tragen. Die Freiheit des Einzelnen wird dadurch ihrerseits zu einer Berechtigung, in diesem Sinne also zu einer rechtlichen Ermächtigung, die einen bestimmten Umfang und bestimmte Grenzen hat.

Innerhalb der Rechtsordnung wird sodann weiter unterschieden (Siegel 2022: Rdnr. 396 ff.). So gibt es gesetzliche Berechtigungen, die unmittelbar auf den natürlich vorausliegenden und grundrechtlich gewährleisteten Freiheiten beruhen, wie zum Beispiel die im Baurecht verankerte Berechtigung, auf dem eigenen Grundstück zu bauen (Baufreiheit), oder auch die gewerberechtliche Berechtigung, ein Gewerbe zu betreiben (Gewerbefreiheit). Verwaltungsrechtliche Regelungsregime sind in diesen Bereichen grundsätzlich präventiver Natur, sollen die Ausübung der betreffenden Freiheiten also ermöglichen und möglichst wenig beschränken. Genehmigungsentscheidungen stehen hier deshalb typischerweise nicht im Ermessen der Behörde, sondern sind bei Vorliegen der tatbestandlichen Voraussetzungen positiv zu treffen (gebundene Entscheidung). Demgegenüber existieren aber auch gesetzliche Berechtigungen, die – ohne dass eine grundrechtliche Basis bestünde – erst konstitutiv, typischerweise ermessensabhängig und mitunter mit repressiver Zielrichtung durch den Staat eingeräumt werden, wie im deutschen Recht zum Beispiel das Recht zur Nutzung von Grundwasser.

Diese Binnendifferenzierung ist aber für die begriffliche Bestimmung der gesellschaftlichen Selbstermächtigung nicht erheblich. Denn unabhängig von dieser Differenzierung lässt sich die Selbstermächtigung als ein Verhalten beschreiben, durch das sich der Handelnde bewusst über den Rahmen der rechtlich ausgestalteten Freiheit, also über die Grenzen der individuellen Berechtigung hinwegsetzt. Die Selbstermächtigung ist also die kalkulierte Rechts- oder Regelverletzung, die darauf gerichtet ist, faktische, nicht vom Recht gedeckte, mithin rechtswidrige Handlungsmacht zu erlangen.

Die vorgenannte, vorläufige Definition von Selbstermächtigung ist sehr weit. Sie schließt die klassische Kriminalität ebenso ein wie auch alle anderen Fälle, in denen es dem Einzelnen allein um die Verschaffung rechtswidriger, insbesondere materieller Vorteile geht. Kennzeichnend für die individuelle oder auch gesellschaftliche Selbstermächtigung, die vorliegend interessiert, ist aber, dass sie im Kern auf idealistischen, politischen oder auch ethischen Motiven beruht. Man denke an den schulrechtswidrigen Klimastreik während des Schulunterrichts oder auch an die nicht genehmigte Demonstration von Gegnern staatlicher Maßnahmen zur Bekämpfung von Covid-19. So ist die gesellschaftliche Selbstermächtigung im vorliegenden Rahmen zu definieren als idealistisch, politisch oder auch ethisch motivierte Rechtsverletzung.

2.2 Rechtliche Rechtfertigung von *prima facie* vorliegenden Selbstermächtigungen

Die Konzentration auf derart motivierte Rechtsverletzungen erfordert es nun allerdings, eine zweite Rechtsebene in den Blick nehmen, auf der die besonderen Motive für tatbestandlich, also auf der ersten Ebene zu bejahende Rechtsverletzungen eine Rolle spielen. Auf der zweiten Ebene, der Ebene der Rechtfertigungsgründe, können *prima facie* vorliegende Selbstermächtigungen wegen der zugrunde liegenden Motive gerechtfertigt, also in die Rechtsordnung re-integriert werden. Dies gebietet es, die Reichweite der rechtlichen Rechtfertigungsgründe im Hinblick auf unseren Untersuchungsgegenstand zu analysieren.

Rechtfertigungsgründe sind in einigem Umfang im einfachen Recht, dem parlamentarischen Gesetzesrecht, enthalten. Idealtypische Beispiele für Rechtfertigungsgründe im Zivilrecht sind die Notwehr, der Notstand und die Selbsthilfe (§§ 227, 228, 229, 859 und 860 BGB). Im Strafrecht finden sich etwa die strafrechtliche Notwehr, der rechtfertigende Notstand und die vorläufige private Festnahme (§§ 32 und 34 StGB, § 127 Abs. 1 StPO). Auch das Verwaltungsrecht kennt Rechtfertigungsgründe; so sind beispielsweise dann, wenn ein Konflikt zwischen Privatpersonen polizeirechtlich zu beurteilen ist, Rechtfertigungsgründe zu berücksichtigen, die das Handeln der einen Person der anderen Person gegenüber legitimieren.

In allen genannten Rechtsgebieten setzt die Rechtfertigung einer tatbestandlich vorliegenden, die an sich gegebene Rechtsmacht überschreitenden Selbstermächtigung in der Regel voraus, dass in der konkreten, akuten Situation ein überwiegend bedeutsames Rechtsgut verletzt zu werden droht und dass die Selbstermächtigung dazu dient, dieses Rechtsgut zu schützen. Zudem darf es in der Regel keine Möglichkeit geben, rechtzeitig staatliche Hilfe zu erlangen. Rechtsfolge des einschlägigen Rechtfertigungsgrundes ist die ausnahmsweise gewährte Berechtigung des Einzelnen, das gegenständliche Rechtsgut selbst zu verteidigen. Das staatliche Gewaltmonopol tritt also punktuell zurück, wo die Staatsgewalt das Recht nicht wirksam zu schützen vermag. Stattdessen wird der Einzelne zur rechtssichernden Zwangsanwendung im konkreten Fall ermächtigt. So darf sich der Angegriffene gegen den Angreifer erwehren, der Eigentümer den Eindringling vom Grundstück vertreiben und der Bestohlene den ertappten Dieb festsetzen, bis die Polizei vor Ort ist.

Schutzgüter der Rechtfertigungsgründe für Selbstermächtigungen im Zivilrecht, im Strafrecht und im Verwaltungsrecht sind dabei stets nur konkrete, greifbare Individualrechtsgüter wie das Leben, die körperliche Unversehrtheit, das Eigentum und der Besitz. Idealistische, politische oder auch ethische Positionen sind demgegenüber als solche von vornherein keine geeignete Grundlage dafür, um Selbstermächtigungen nach Maßgabe der Rechtfertigungsgründe des Zivilrechts, des Strafrechts oder des Verwaltungsrechts als gerechtfertigt ansehen zu können. Die Rechtfertigungsgründe nehmen derartige Positionen nicht in Bezug.

Auf der Ebene des Verfassungsrechts können darüber hinausgehend Grundrechte, also grundrechtlich fundierte Freiheits- und Gleichheitsansprüche, handlungslegitimierend wirken. Zum einen verlangen die Grundrechte eine freiheits- und gleichheitsgemäße Ausgestaltung des einfachen Gesetzesrechts. Zum anderen strahlen die Grundrechte auf das zunächst freiheitsbeschränkende, aber verfassungskonform zu interpretierende und anzuwendende Gesetzesrecht aus. Anschauliches Beispiel für die erstgenannte Wirkungsweise der Grundrechte ist die Wehrdienstverweigerung aus Gewissensgründen, die in Art. 4 Abs. 3 Satz 2 GG grundrechtlich ausdrücklich gewährleistet wird. Das Gesetzesrecht, das die – gegenwärtig freilich nicht aktuelle – Wehrpflicht (auf Grundlage von Art. 12a Abs. 1 GG) statuiert, sieht dementsprechend Ausnahmen vor, die auf die grundrechtliche Garantie der Verweigerungsmöglichkeit Rücksicht nehmen (siehe insbesondere das Gesetz über die Verweigerung des Kriegsdienstes aus Gewissensgründen vom 9.8.2003, BGBl. I 2003, S. 1593, zuletzt geändert durch Gesetz vom 28.4.2011, BGBl. I 2011, S. 687). Den zweitgenannten Fall, die Grundrechtsausstrahlung auf das bestehende, freiheitseinschränkende Gesetzesrecht, verdeutlicht beispielsweise der schulrechtliche Umgang mit dem Sachverhalt, dass muslimische Eltern ihrer Tochter untersagen, am koedukativen Schwimmunterricht teilzunehmen, der aber schulgesetzlich an sich vorgesehen ist. Die Eltern und ihre Kinder können sich auf die Religionsfreiheit gemäß Art. 4 Abs. 1 GG berufen, in deren Licht das landesrechtliche Schulrecht auszulegen und anzuwenden ist (siehe dazu beispielsweise eine Entscheidung des Bundesverwaltungsgerichts aus dem Jahr 2013, BVerwGE 147, 362: „Der einzelne Schüler kann gestützt auf von ihm für maßgeblich erachtete religiöse Verhaltensgebote nur in Ausnahmefällen die Befreiung von einer Unterrichtsveranstaltung verlangen.“). In der Praxis werden hier vermittelnde Lösungen angestrebt und gefunden, die einerseits dem staatlichen Schulauftrag (Art. 7 Abs. 1 GG), andererseits der Religionsfreiheit der Eltern und Kinder Rechnung tragen.

Auch Grundrechtspositionen können somit dazu führen, dass *prima facie* vorliegende Selbstermächtigungen in das Recht re-integriert werden. Anders als im Fall der einfachrechtlichen Rechtfertigungsgründe des Zivilrechts, des Strafrechts und des Verwaltungsrechts können mit Grundrechtspositionen nicht nur konkrete, individuelle Schutzgüter wie die körperliche Unversehrtheit oder das Eigentum ins Feld geführt werden, sondern auch abstraktere und zugleich weitergreifende Freiheiten wie die Gewissensfreiheit, die Meinungsfreiheit und die Versammlungsfreiheit. Diese Freiheiten können gerade auch idealistisch, politisch und ethisch motiviertes Handeln tragen. Zu berücksichtigen ist aber zugleich, dass die Freiheitsgrundrechte in weiten Teilen ausgestaltungsbedürftig und vor allem auch mit Schrankenvorbehalten versehen sind. Dem regelnden, demokratisch legitimierten Gesetzgeber und der rechtsanwendenden Verwaltung stehen insoweit beträchtliche Entscheidungsspielräume offen, die die Bedeutung der Grundrechte als Mittel zur Re-Integration von *prima facie*-Selbstermächtigungen in das Recht substantiell relativieren.

Die wohl dramatischste, ausdrücklich im Grundgesetz verankerte Form der Verrechtlichung einer im ersten Schritt übergriffigen Selbstermächtigung findet sich in der Bestimmung des Art. 20 Abs. 4 GG, die im Zuge der Notstandsgesetzgebung im Jahr 1968 in das Grundgesetz eingefügt wurde. Es handelt sich um das in der Staatsphilosophie seit Jahrhunderten bekannte und kontrovers diskutierte Widerstandsrecht. Art. 20 Abs. 4 GG lautet: „Gegen jeden, der es unternimmt, diese Ordnung zu beseitigen, haben alle Deutschen das Recht zum Widerstand, wenn andere Abhilfe nicht möglich ist." (Mit „Ordnung" ist die freiheitlich-demokratische Grundordnung gemeint.) Das Widerstandsrecht richtet sich sowohl gegen die Staatsgewalt wie auch gegen private Kräfte, die es unternehmen, die verfassungsmäßige Ordnung zu beseitigen. Es erlaubt alle erforderlichen Widerstandshandlungen, die darauf gerichtet sind, diese Ordnung zu erhalten. Wiederum ist vorausgesetzt, dass staatliche Hilfe nicht zu erlangen ist. Das Widerstandsrecht greift mithin in einer Situation ein, in der die rechtliche Ordnung des Gemeinwesens als solche ins Wanken gerät. Das Grundgesetz attestiert jedem, der Widerstand leistet, um diese Ordnung zu erhalten, die Rechtmäßigkeit seines Tuns. Auch hier wird also die private, im ersten Schritt regelübertretende Zwangsanwendung auf verfassungsrechtlicher Ebene legitimiert und damit in das Recht re-integriert.

Die idealistisch, politisch oder auch ethisch motivierte Rechtsverletzung, unser Untersuchungsgegenstand, unterscheidet sich in ihrer Zielrichtung freilich von der Art von Rechtsverletzung, die durch das Widerstandsrecht legitimiert wird. Die gesellschaftliche Selbstermächtigung zielt nicht darauf, sich einer Gefährdung der verfassungsmäßigen Ordnung zu erwehren, um sie zu schützen und zu behaupten, sondern vielmehr darauf, innerhalb der bestehenden und intakten Ordnung tatsächliche oder vermeintliche Missstände zu thematisieren. Die Voraussetzungen des Art. 20 Abs. 4 GG sind somit bei Akten gesellschaftlicher Selbstermächtigung eindeutig nicht erfüllt.

Keine ausdrückliche normative Grundlage hat schließlich eine legitimierend wirkende Rechtsfigur, die auf den Heidelberger Rechtsphilosophen und vormaligen Reichsjustizminister in der Weimarer Zeit Gustav Radbruch zurückgeht. Zunächst überzeugter Rechtspositivist, hat Radbruch unter dem unmittelbaren Eindruck des Nationalsozialismus im Jahr 1946 formuliert, „daß das positive, durch Satzung und Macht gesicherte Recht auch dann den Vorrang hat, wenn es inhaltlich ungerecht und unzweckmäßig ist, es sei denn, daß der Widerspruch des positiven Gesetzes zur Gerechtigkeit ein so unerträgliches Maß erreicht, daß das Gesetz als ‚unrichtiges Recht' der Gerechtigkeit zu weichen hat." (Radbruch 1946: 107) Auch diese, später so genannte Radbruch'sche Formel zielt also darauf, *prima facie* vorliegende Gesetzesverstöße zu rechtfertigen und dadurch in das Recht zurückzuführen, hier verstanden als Recht im materiellen Sinne, als Gerechtigkeit. Maßstab ist die Unerträglichkeit der Gesetzesanwendung oder auch Gesetzestreue. Anders als beim Widerstandsrecht, das sich tatbestandlich auf äußere Umstände, nämlich die ernstliche Gefährdung der verfassungsmäßigen Ordnung bezieht, steht bei der Radbruch'schen Formel die Unerträglichkeit der Rechtsbefolgung im Tatbestand, also ein innerer, Moral und Gewissen betreffender Umstand.

Die Radbruch'sche Formel ist in der Rechtsprechungspraxis tatsächlich – in wenigen Einzelfällen – herangezogen worden, zum einen bei der Aufarbeitung einzelner Folgen des Nationalsozialismus (etwa BGHZ 3, 94 (107); BVerfGE 23, 98), zum anderen zur Bewältigung der innerdeutschen Mauerschützen-Problematik (BVerfGE 95, 96). Für die rechtliche Einordnung aktueller Phänomene gesellschaftlicher Selbstermächtigung spielt die Radbruch'sche Formel dagegen ebenso wenig eine Rolle wie das verfassungsrechtliche Widerstandsrecht.

Keine rechtlich rechtfertigende Wirkung hat demgegenüber die Figur des zivilen Ungehorsams, die der Sache nach in Fällen gesellschaftlicher Selbstermächtigung in Betracht kommen kann. Ziviler Ungehorsam wird gemeinhin definiert als Form politischer Partizipation im Wege bewusster, Aufmerksamkeit erzeugender Rechtsverletzung. Rechtlich gerechtfertigt ist diese Rechtsverletzung nicht. Es ist gerade das Wesenselement des zivilen Ungehorsams, durch den intendierten Verstoß gegen eine Norm, also die Illegalität eines Verhaltens, auf bestimmte Missstände hinzuweisen, ein politisches Anliegen ins Licht zu rücken. Ebenso wie beim Widerstandsrecht werden beim zivilen Ungehorsam also rechtliche Regeln gebrochen. Anders als beim Widerstandsrecht geht es beim zivilen Ungehorsam aber nicht darum, im Wege des Rechtsbruchs gegen eine Gefährdung der Verfassungsordnung vorzugehen und sie zu stabilisieren, sondern darum, innerhalb der bestehenden und stabilen Verfassungsordnung auf die

Durchsetzung bestimmter politischer Anliegen oder auch die Beseitigung wahrgenommener Missstände hinzuwirken. Verstoßen wird dabei nicht etwa gegen ein allgemeines Gebot zivilen Gehorsams, das es nicht gibt, sondern gegen einzelne konkrete Normen wie beispielsweise § 123 StGB (Hausfriedensbruch), § 185 StGB (Beleidigung), § 223 StGB (Körperverletzung), § 240 StGB (Nötigung) oder § 303 StGB (Sachbeschädigung). Diese konkreten Normen werden von den Handelnden als solche keineswegs abgelehnt, sondern in ihrer Geltung vielmehr bestätigt. Denn die Handelnden gehen davon aus, dass die Aufmerksamkeit für das Anliegen gerade daraus folgt, dass gegen eine als geltend akzeptierte Norm verstoßen wird. In gewisser Weise wirkt ziviler Ungehorsam damit, unabhängig vom politischen Anliegen im Einzelnen, ordnungsbestätigend. Die Ordnung wird instrumentalisiert, um ein bestimmtes Sachthema in den Vordergrund zu rücken.

Die Kategorie des zivilen Ungehorsams erfasst nach alldem zahlreiche Fälle gesellschaftlicher Selbstermächtigung. Wenn Schülerinnen und Schüler gerade während der Schulzeit einen Klimastreik veranstalten, wollen sie die Bedeutung ihres Anliegens durch den Verstoß gegen das Schulrecht unterstreichen. Wenn Bürger im Widerspruch zum Versammlungsrecht gegen staatliche Maßnahmen zur Covid-19-Bekämpfung demonstrieren, dann nehmen sie die Normverstöße zur Verdeutlichung ihrer Ernsthaftigkeit in Kauf oder machen sich die mediale Aufmerksamkeit, die aus den Normverstößen folgt, sogar für ihre Zwecke zunutze. Und selbst verbale oder gar körperliche Angriffe auf Kommunalpolitiker haben ihre strukturelle Ursache nicht etwa in persönlicher Feindschaft, sondern in politischen Motiven – was an der Verwerflichkeit derartiger Angriffe nichts ändert.

Zusammenfassend ist festzuhalten, dass idealistisch, politisch oder auch ethisch motivierte Rechtsverletzungen rechtlich in der Regel nicht gerechtfertigt werden können. Die Rechtfertigungsgründe des Zivilrechts, Strafrechts und Verwaltungsrechts beziehen sich durchweg auf konkrete und konkret gefährdete Individualrechtsgüter wie Leben, körperliche Unversehrtheit, Eigentum und Besitz. Grundrechtspositionen können ihrerseits nur sehr eingeschränkt zur Legitimation von *prima facie* vorliegenden Rechtsverstößen im Zusammenhang gesellschaftlicher Selbstermächtigung ins Feld geführt werden. Zwar schützen die Grundrechte unter anderem die Gewissens-, die Meinungsäußerungs- und die Versammlungsfreiheit. Doch ist die grundrechtlich geschützte Freiheit in erheblicher Weise abstimmungs- und damit ausgestaltungsbedürftig, weshalb die Grundrechte entsprechende Spielräume für den demokratisch legitimierten Gesetzgeber und die rechtsanwendende Verwaltung belassen. Dies wiederum verringert den Raum für eine Rechtfertigung von Verstößen gegen die Normen, die ebendiese Spielräume ausfüllen. Das verfassungsrechtliche Widerstandsrecht kommt von vornherein nur bei einer ernstlichen Gefährdung der Verfassungsordnung als Ganzer in Betracht. Und die Radbruch'sche Formel dient im Kern zur Bewältigung von Diktaturen. Vor diesem Hintergrund erklärt es sich, dass Handlungsweisen im Rahmen gesellschaftlicher Selbstermächtigung in einigem Umfang in die – rechtlich nicht rechtfertigend wirkende – Kategorie des zivilen Ungehorsams fallen.

2.3   Zwei Beispiele rechtsverletzender Selbstermächtigungen

Die Einordnung der gesellschaftlichen Selbstermächtigung lässt sich anhand von zwei Beispielen veranschaulichen.

Fridays for Future-Demonstrationen während der Schulzeit verstoßen – hier exemplarisch für Baden-Württemberg – gegen die in §§ 73 ff. des Schulgesetzes Baden-Württemberg geregelte Schulpflicht. Die eindeutigen Regelungen lassen Ausnahmen unmittelbar zugunsten der demonstrierenden Schülerinnen und Schüler oder auch Dispensierungsmöglichkeiten der Schule nicht zu. Eine anderweitige, die grundrechtliche Meinungsäußerungs- und Versammlungsfreiheit der Schülerinnen und Schüler (Art. 5 Abs. 1 Satz 1 und Art. 8 Abs. 1 GG) in den Vordergrund rückende Auslegung kommt angesichts des klaren Regelungswortlauts nicht in Betracht. Verfassungswidrig sind die Vorschriften der §§ 73 ff. SchulG BW deshalb aber nicht. Sie konkretisieren den ihrerseits im Verfassungsrang stehenden Schulauftrag des Staates (Art. 7 Abs. 1 GG). Bei einer Gegenüberstellung der Verfassungspositionen wird man davon ausgehen können, dass eine Ausgestaltung des Schulunterrichts, die Demonstrationsteilnahmen während der Schulzeit – mit welchem inhaltlichen Anliegen auch immer – nicht zulässt, nicht gegen die Freiheitsgrundrechte der Schülerinnen und Schüler verstößt. Die einfachrechtlichen Rechtfertigungsgründe des Zivilrechts, Strafrechts und Verwaltungsrechts kommen daneben ebenso wenig in Betracht wie das verfassungsrechtliche Widerstandsrecht oder gar die Radbruch'sche Formel.

Dies zeigt, dass eine rechtliche Rechtfertigung der Fridays for Future-Demonstrationen als Ausdruck gesellschaftlicher Selbstermächtigung von vornherein allenfalls nach Maßgabe der Grundrechte der Akteure denkbar ist. Im Ergebnis scheitert aber auch die grundrechtliche Rechtfertigung. Das Handeln der Schülerinnen und Schüler stellt sich damit als Form zivilen Ungehorsams dar.

Ein zweites Beispiel: In Baden-Württemberg ergibt sich die Pflicht, in bestimmten Situationen einen Mund-Nase-Schutz zur Bekämpfung der Covid-19-Pandemie zu tragen, aus § 3 Abs. 1 der Corona-Verordnung Baden-Württemberg, die sich auf eine Ermächtigungsgrundlage in § 32 des Infektionsschutzgesetzes des Bundes stützt. Die Weigerung, einen Mund-Nase-Schutz zu tragen, verstößt gegen diese Pflicht und kann ein Bußgeld nach sich ziehen. Die Pflicht greift in die durch Art. 2 Abs. 1 GG geschützte allgemeine Handlungsfreiheit ein, je nach Sachverhalt eventuell auch in die Meinungsäußerungsfreiheit (Art. 5 Abs. 1 Satz 1 GG). Auch insoweit gilt, dass Grundrechtseingriffe durch ein hinreichend gewichtiges Gemeinwohlziel und unter Wahrung des Verhältnismäßigkeitsgrundsatzes gerechtfertigt werden können. In diesem Fall steht der Einschränkung der Freiheitsrechte der Handelnden das Anliegen des Lebens- und Gesundheitsschutzes gegenüber, das seinerseits Verfassungsrang hat. Nach Art. 2 Abs. 2 Satz 1 GG ist der Staat sogar gehalten, sich aktiv schützend vor Leben und Gesundheit der Menschen zu stellen (grundrechtliche Schutzpflicht). Aufgrund dessen kommt es auf die Ausgestaltung im Einzelnen an, die – jeweils gesetzlich typisierend – zwischen der Handlungsfreiheit einerseits und dem mit der Maskenpflicht verfolgten Zweck des Lebens- und Gesundheitsschutzes andererseits zu vermitteln hat. Geht man von einer im Ganzen gelungenen Abstimmung zwischen den Belangen aus, ist auch § 3 Abs. 1 der CoronaVO BW verfassungsgemäß und bleiben Verstöße gegen die Verordnung damit aus grundrechtlicher Perspektive rechtswidrig. Anderweitige mögliche Rechtfertigungsgründe kommen auch in diesem Zusammenhang von vornherein nicht in Betracht.

Soweit Verletzungen der Pflicht, einen Mund-Nase-Schutz zu tragen, als Ausdruck gesellschaftlicher Selbstermächtigung erscheinen können, zeigt sich somit, dass auch diese Form der gesellschaftlichen Selbstermächtigung allenfalls nach Maßgabe der Freiheitsgrundrechte rechtlich gerechtfertigt werden könnte, dass aber auch hier die rechtliche Rechtfertigung – vorbehaltlich einzelner Fälle einer möglicherweise misslungenen Grundrechtsabwägung – scheitert. Auch diese Ausprägung gesellschaftlicher Selbstermächtigung bleibt mithin rechtswidrig. Ob sie damit zugleich als Form zivilen Ungehorsams eingeordnet werden kann, ist freilich etwas problematischer als im Fall der Fridays for Future-Demonstrationen. Denn hier dient der Rechtsverstoß nicht unbedingt dazu, auf ein politisches Anliegen aufmerksam zu machen. Letztlich kommt es insoweit auf die Beurteilung des Einzelfalls an.

2.4   Selbstermächtigung im Rahmen des Rechts

Neben der – das Phänomen wohl prägenden – rechtsverletzenden gesellschaftlichen Selbstermächtigung stehen die Fälle der gesellschaftlichen Selbstermächtigung, die sich vollständig im Rahmen des Rechts bewegen, sich also von vornherein ohne Rechtsverletzung ereignen. Die Selbstermächtigung zeichnet sich in dieser Variante durch die Überschreitung nicht rechtlicher, sondern ausschließlich sozialer Normen und Konventionen aus. Beispiele sind die Verrohung des demokratischen Diskurses – diesseits der Grenze zur Beleidigung –, die Verbreitung „alternativer Fakten" zur Begründung eigener Positionen und die Einrichtung von – das staatliche Gewaltmonopol noch wahrenden – Bürgerwehren zur Gewährleistung von Sicherheit.

Die Selbstermächtigung im Rahmen des Rechts spiegelt ganz unterschiedliche Entwicklungen im Binnenbereich der Gesellschaft wider. Verfassungsrechtlich stellt sie sich als Form der Ausübung privater und politischer Freiheit dar. Nicht selten kann die Selbstermächtigung im Rahmen des Rechts auf existierende Mängel und Missstände hinweisen und Impulse zur Verbesserung des gesellschaftlichen Miteinanders setzen. Die Überschreitung hergebrachter sozialer Normen und Konventionen gibt hier den entscheidenden Anstoß für sachgerechte politische Veränderungen. Mitunter können sich Manifestationen der Selbstermächtigung im Rahmen des Rechts aber auch als schädlich darstellen. In diesem – und nur in diesem – Fall kann und sollte die gebotene Reaktion der verfassungsrechtlich angeleiteten Politik darin bestehen, die Handlungsweisen rechtlich zu unterbinden. Beispiele parlamentsgesetzlicher Reaktionen auf schädliche Formen der Selbstermächtigung im Rahmen des Rechts waren in jüngerer Vergangenheit etwa das Gesetz zur Stärkung des Schutzes von Vollstreckungsbeamten und Rettungskräften von 2017 und das Gesetz zur Bekämpfung des Rechtsextremismus und der Hasskriminalität von 2020.

Aus verfassungsrechtlicher Perspektive verweist die Thematik der gesellschaftlichen Selbstermächtigung im Rahmen des Rechts auf die Figur der Verfassungsvoraussetzung oder auch Verfassungserwartung (Isensee 2011). Grundrechtlich eröffnete und gewährleistete Freiheit wird nur dann real, wenn die Grundrechtsberechtigten ihre Freiheit annehmen (Kirchhof 1998: 61) und in Übereinstimmung mit der Freiheit aller anderen ausüben. Als freiheitlicher Staat ist der Verfassungsstaat – mit anderen Worten – von Voraussetzungen abhängig, die er nicht gewährleisten kann, ohne seine Freiheitlichkeit einzubüßen (Böckenförde 1991: 112 f.). Der Staat hat insoweit auf die Freiheits- und auch Demokratiefähigkeit der Menschen zu vertrauen.

Literatur

Böckenförde, Ernst-Wolfgang. 1991. Die Entstehung des Staates als Vorgang der Säkularisation, in: ders. *Recht, Staat, Freiheit*, Frankfurt: Suhrkamp, 92–114

Isensee, Josef. [3]2011. Grundrechtsvoraussetzungen und Verfassungserwartungen an die Grundrechtsausübung, in: Josef Isensee und Paul Kirchhof (Hrsg.): *Handbuch des Staatsrechts der Bundesrepublik Deutschland, Bd. IX*. Heidelberg: C.F. Müller, 264–411.

Kirchhof, Paul. 1998. Die Einheit des Staates in seinen Verfassungsvoraussetzungen, in: Otto Depenheuer, Markus Heintzen und Matthias Jestaedt (Hrsg.): *Die Einheit des Staates*. Heidelberg: C.F. Müller, 51-69.

Locke, John. 1992 [1689]. *Zwei Abhandlungen über die Regierung*. Frankfurt: Suhrkamp.

Radbruch, Gustav. 1946. Gesetzliches Unrecht und übergesetzliches Recht. *Süddeutsche Juristenzeitung* 1(5): 105-108.

Siegel, Thorsten. [14]2022. *Allgemeines Verwaltungsrecht*. Heidelberg: C.F. Müller.

Straßburger, Benjamin. i. E. *Herrschaft als Auftrag. Der Verfassungsbegriff des demokratischen Konstitutionalismus und seine Bedeutung für die supranationale Integration Deutschlands*. Tübingen: Mohr Siebeck.

Wie viel Selbstermächtigung gibt es?

Das Ausmaß der Selbstermächtigung in Deutschland haben wir über zwei bevölkerungsrepräsentative Onlineumfragen erhoben, die im Wesentlichen im Juli und Dezember 2020 durchgeführt wurden (Details siehe Anhang). Dabei haben wir versucht, dem Ausmaß gesellschaftlicher Selbstermächtigung auf zwei Wegen auf die Spur zu kommen. Einerseits haben wir unsere Respondentinnen und Respondenten gebeten, abstrakte Fragen danach zu beantworten, ob man sich immer an Gesetze halten muss oder ob es Ausnahmen geben darf, ob man das Recht in die eigene Hand nehmen darf oder ob man Gesetze nur unter bestimmten Bedingungen einhalten muss. Andererseits waren konkrete Fragen nach dem individuellen Verhalten in besonders prominenten und viel diskutierten aktuellen Fällen möglicher Selbstermächtigung zu beantworten, nämlich hinsichtlich der Schulklimastreiks der Fridays for Future (FFF)-Bewegung sowie der Einhaltung von Corona-Regeln. Im Folgenden werden wir die Ergebnisse unserer Befragung zunächst für die abstrakten Fragen und dann für die konkrete Selbstermächtigung in den Fällen von Fridays for Future und Corona vorstellen.

3.1 Die abstrakte Ebene

Auf der abstrakten Ebene allgemeiner Vorstellungen darüber, als wie wichtig es die Befragten ansehen, sich an Gesetze zu halten, haben wir drei Fragen gestellt. Die erste Frage lautete: „Ganz allgemein gesprochen, würden Sie sagen, dass man Gesetze ohne Ausnahme befolgen muss, oder gibt es Ausnahmesituationen, in denen man seinem Gewissen folgen sollte, auch wenn dies bedeutet, Gesetze zu übertreten?" Fragt man in dieser Form – die den Ausnahmecharakter der Gesetzesüberschreitung in einem Gewissenskonflikt betont –, vertritt eine breite Mehrheit von fast zwei Dritteln unserer Befragten (63,7 %) die Auffassung, dass

P. Kirsch et al., *Gesellschaftliche Selbstermächtigung in Deutschland*, https://doi.org/10.1007/978-3-658-39087-7_3

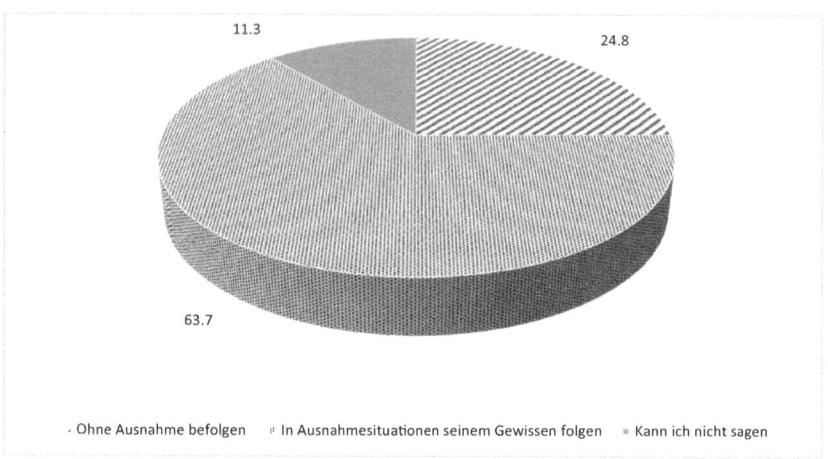

Abb. 3.1 Antwortanteile: „Muss man Gesetze ohne Ausnahme befolgen?". (Quelle: Eigene Erhebung, Eigene Auswertung)

man in Ausnahmesituationen seinem Gewissen folgen dürfe (Abb. 3.1). Lediglich rund ein Viertel der Befragten (24,8 %) gibt an, Gesetzen sei ohne Ausnahme Folge zu leisten.[1]

Da diese Frage auch in der Role of Government Umfrage des International Social Survey Programmes (ISSP) zwischen 1985 und 2016 fünf Mal in Deutschland gestellt worden ist, bietet sich an dieser Stelle ein entsprechender historischer Vergleich an (vgl. Tab. 3.1). Unser Wert für diejenigen, die meinen, man müsse Gesetze ohne Ausnahmen befolgen, liegt in etwa beim langfristigen Mittelwert (25,2 %),[2] allerdings deutlich unter dem Wert der letzten Erhebung 2016, als knapp 35 % der Befragten sagten, man müsse Gesetze immer befolgen. Umgekehrt wollten 52,5 % der 2016 im Rahmen der ISSP-Umfrage befragten Personen in Ausnahmefällen ihrem Gewissen folgen, während der Durchschnitt über alle

---

[1] Die Unterschiede zwischen den Befragungen sind bei dieser Frage minimal: In der ersten Umfrage waren 64 % der Auffassung, man dürfe in Ausnahmesituationen seinem Gewissen folgen, 25 % meinten, man müsse Gesetzen ohne Ausnahme folgen und 10,7 % konnten sich nicht entscheiden. Bei der zweiten Umfrage waren die entsprechenden Werte 63,2 %, 24,6 % und 12,1 %.

[2] 1990 und 1996 sind in Ost- und Westdeutschland getrennte Befragungen durchgeführt worden. Diese wurden bei der Berechnung des Mittelwertes als separate Befragungen berücksichtigt. Allerdings unterschieden sich die beiden Landesteile in dieser Frage nur marginal.

Tab. 3.1 Zustimmung (in Prozent) zur unbedingten Einhaltung von Gesetzen nach Daten der Role-of-Government-Befragung, 1985–2016

	Gesetze müssen ohne Ausnahme befolgt werden	In Ausnahmesituationen Gewissen folgen	Unentschieden/Keine Angaben
1985	11,5	85,0	3,5
1990 (West)	23,2	68,3	8,5
1990 (Ost)	24,6	65,0	10,4
1996 (West)	23,1	61,1	15,9
1996 (Ost)	24,7	60,1	15,2
2006	34,1	53,5	12,4
2016	34,9	52,6	12,6
Durchschnitt	25,2	63,7	11,2

Quelle: ISSP 1985, 1990, 1996, 2006, 2016

Erhebungen bei 63,7 %, und damit wiederum nahe bei dem von uns erhobenen Wert, lag. Ob sich in diesen Veränderungen seit 2016 eine größere Bereitschaft zur gesellschaftlichen Selbstermächtigung niederschlägt, die beispielsweise durch aktuelle Ereignisse wie die Fridays for Future-Proteste oder die Unzufriedenheit einzelner Bevölkerungsgruppen mit den Corona-Einschränkungen hervorgerufen sein könnte, ist nicht unplausibel, bedarf aber vertiefter Untersuchungen.

Während die Mehrheit der Befragten demnach in Ausnahmesituationen bereit zu sein scheint, ihrem Gewissen zu folgen, auch wenn Gesetze dem entgegenstehen sollten, kann eine allgemeine Akzeptanz von Selbstermächtigung keineswegs behauptet werden. So hält es nur eine Minderheit von weniger als einem Fünftel (18,1 %) unserer Befragten für richtig, dass Menschen das Recht in die eigene Hand nehmen, während fast zwei Drittel (63,5 %) der Respondenten ein solches Verhalten ablehnt (Abb. 3.2).[3] Die sehr unterschiedliche Beantwortung dieser beiden Fragen lässt darauf schließen, dass Selbstermächtigung offenbar als Ausnahme unter ganz besonderen Umständen – so legt es die zuerst diskutierte Frage ja nahe – für viele Befragte akzeptabel ist, dass aber eine große Mehrheit eine generelle Missachtung gesellschaftlicher und staatlicher Regeln ablehnt, wie sie die zweite Frage impliziert, in der ganz allgemein davon gesprochen wird, dass Menschen das Recht in die eigene Hand nehmen würden.

---

[3] Wiederum sind die Differenzen zwischen den beiden Befragungen marginal. In der ersten (zweiten) Befragung waren 18,3 % (17,8 %) der Meinung, man dürfe das Recht in die eigene Hand nehmen; 62,9 % (64,1 %) fanden das nicht, 18,6 % (17,7 %) waren unentschieden.

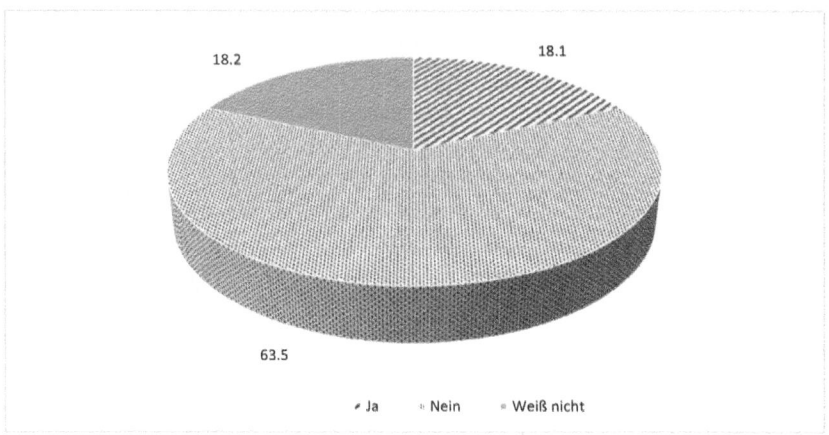

18.2   18.1

63.5

⤻ Ja   ⼝ Nein   ● Weiß nicht

Abb. 3.2 Antwortanteile: „Darf man das Recht in die eigene Hand nehmen?". (Quelle: Eigene Erhebung, Eigene Auswertung)

Während sich die Befragten bei den bisher diskutierten Fragen jeweils für eine Option entscheiden mussten (entweder Gesetze ohne Ausnahme befolgen oder in Ausnahmefällen dem Gewissen folgen etc.), haben wir zu einem späteren Zeitpunkt in der ersten (aber nicht der zweiten) Befragung verschiedene Optionen zu selbstermächtigendem Verhalten einzeln abgefragt (Abb. 3.3). In Übereinstimmung mit den oben präsentierten Ergebnissen gibt auch bei unabhängiger Abfrage der beiden Items die Mehrheit der Befragten an, dass man in Ausnahmesituationen seinem Gewissen folgen müsse (59,7 %), während deutlich weniger Befragte (33,8 %) die Meinung vertreten, man müsse Gesetze ohne Ausnahme befolgen.

Obwohl tatsächlich die meisten Befragten diese beiden Optionen auch als Gegensätze wahrnehmen, wie sich an einer hochsignifikanten negativen Korrelation zwischen beiden Items zeigt ($r = -0.673$, $p = 0.000$), ist auffallend, dass der Anteil der Befragten, der grundsätzlich der Aussage zustimmt, dass man sich ohne Ausnahme an Gesetze halten muss, größer ist, wenn die beiden Aussagen (Gesetze befolgen vs. Gewissen folgen) getrennt werden (33,8 vs. 25 %). Das könnte die Interpretation unterstreichen, dass die Option, aus Gewissensgründen Gesetze zu übertreten, für einen Teil der Befragten wirklich nur als seltene Ausnahme akzeptabel ist.

Interessant ist an den Daten aus Abb. 3.3 zudem, dass andere Begründungen für Gesetzesübertretungen neben dem Gewissen wenig Zustimmung finden.

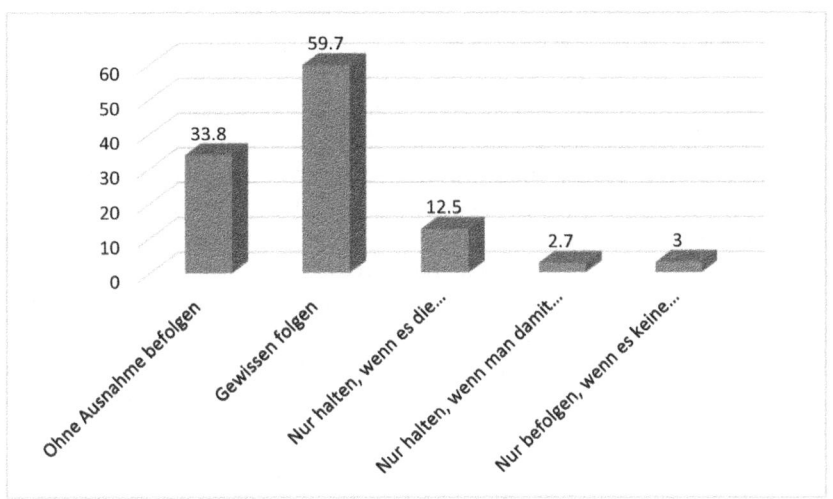

Abb. 3.3 Antwortanteile Selbstermächtigung, getrennte Befragung. (Quelle: Eigene Erhebung, Eigene Auswertung)

Gerade einmal 12,5 % der Befragten machen die Gesetzesbefolgung von gesetzeskonformem Verhalten der Regierung abhängig und die Vorstellung, dass man Gesetze nur befolgen müsse, wenn man mit ihnen einverstanden ist oder die Nicht-Befolgung negative Folgen (z. B. Bestrafung) hat, findet nur minimale Akzeptanz (2,7 % und 3 %).

Insofern lässt sich aus der Zusammenschau der Ergebnisse zu den abstrakten Fragen zu gesellschaftlicher Selbstermächtigung folgern, dass Selbstermächtigung keineswegs generell gesellschaftlich akzeptiert wird. Vielmehr verlangen die meisten Befragten von sich und ihren Mitmenschen gesetzeskonformes Verhalten. Abweichungen werden nur in eng umgrenztem Umfang, nämlich im Rahmen von Gewissenskonflikten, akzeptiert. In einem nächsten Schritt stellt sich nun jedoch die Frage, ob sich dieser Befund ändert, wenn wir die Abstraktionsleiter eine Stufe hintersteigen und unsere Befragten mit konkreten Fällen möglicher gesellschaftlicher Selbstermächtigung konfrontieren. Die Ergebnisse zur Einschätzung der Fridays for Future-Bewegung und der Einhaltung der Coronaregeln durch unsere Befragten stellen wir in den nächsten beiden Abschnitten vor.

3.2   Selbstermächtigung und die Fridays for Future-Bewegung

Die ursprünglich von der schwedischen Schülerin Greta Thunberg im August 2018 ins Leben gerufene Fridays for Future (FFF)-Bewegung dient uns als erster konkreter Fall, mit dessen Hilfe wir das Ausmaß gesellschaftlicher Selbstermächtigung in Deutschland vermessen wollen. Ziel der FFF-Bewegung ist es, Klimaschutzanstrengungen durchzusetzen, die über die bislang verabschiedeten Maßnahmen hinausgehen und das Ziel der Pariser UN-Klimakonferenz von 2015 zu erreichen versprechen, wonach die Klimaerwärmung möglichst auf 1,5 °C gegenüber dem vorindustriellen Zeitalter begrenzt werden soll. Diese Bewegung hat insbesondere im Jahr 2019 erhebliche öffentliche Aufmerksamkeit in Deutschland erhalten und sogar die politische Agenda beeinflusst (Raisch und Zohlnhöfer 2020).

Von gesellschaftlicher Selbstermächtigung lässt sich im Zusammenhang mit der FFF-Bewegung sprechen, weil das zentrale Instrument der Bewegung in Demonstrationen besteht, die immer freitags während der Schulzeit stattfinden (sogenannte Klimastreiks). Damit widerspricht die Teilnahme an den Demonstrationen in der Regel der Schulpflicht der Schülerinnen und Schüler, sodass wir von gesellschaftlicher Selbstermächtigung sprechen können.

Unsere Umfrage beinhaltete drei Fragen, die sich mit den Klimaschulstreiks befassen. Zunächst ging es darum, ob der/die Befragte selbst oder ein anderes Familienmitglied[4] an den Demonstrationen teilgenommen hat (Abb. 3.4a). Während rund fünf Prozent der Befragten in beiden Umfragen angaben, selbst an FFF-Demonstrationen teilgenommen zu haben, gaben weitere 8,6 % an, dass Familienangehörige (vermutlich oft die Kinder) bei entsprechenden Aktivitäten dabei gewesen wären. Breiter als die Teilnahme an FFF-Aktionen war das Verständnis der Befragten für die Bewegung. Knapp die Hälfte der Befragten (47,2 %) fand die Demonstrationen richtig, ein gutes Drittel (36,4 %) lehnte sie dagegen ab (Abb. 3.4b).

Für unsere Fragestellung zentral ist natürlich, dass die Teilnehmenden an den Demonstrationen die Schulpflicht verletzt haben. Fragt man ausdrücklich danach, ob die Demonstrationen während der Schulzeit durchgeführt werden oder die Schulpflicht Vorrang haben sollte, nimmt die Unterstützung der Schulstreiks ab.

---

[4] Da die Mehrzahl der FFF-Teilnehmer minderjährig gewesen sein dürfte, in unserer Umfrage aber nur Menschen über 17 Jahre befragt wurden, haben wir mit der Frage nach der Teilnahme von Familienmitgliedern an den Schulstreiks versucht, das Ausmaß des selbstermächtigenden Verhaltens besser abzuschätzen.

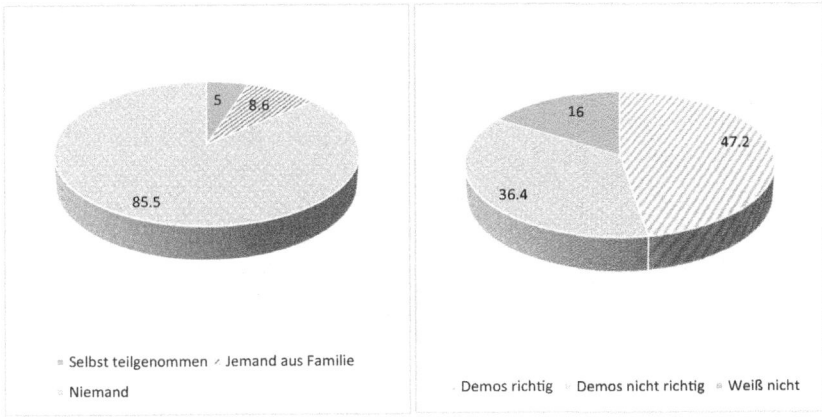

Abb. 3.4 Teilnahme an FFF-Demonstration (links, Abb. 3.4a) und Bewertung der FFF-Demonstrationen als richtig (rechts, Abb. 3.4b). (Quelle: Eigene Erhebung, Eigene Auswertung)

Lediglich zwischen einem Viertel und einem Fünftel der Befragten (22,2 %) findet, dass die Demonstrationen während der Schulzeit stattfinden sollten, während zwei Drittel (66,7 %) einen Vorrang der Schulpflicht für richtig halten (Abb. 3.5).[5]

Will man die gesellschaftliche Selbstermächtigung in Bezug auf die Fridays for Future-Bewegung aggregiert abbilden, liegt es nahe, die drei genannten Items zusammenzufassen. Dazu haben wir für jede Frage die Antwortoption mit 1 codiert, die eine Unterstützung der FFF-Schulstreiks ausdrückt (Schulstreiks richtig, eigene Teilnahme, Teilnahme von Familienmitglied, Unterstützung von Demonstrationen während der Schulzeit), während alle anderen Antwortoptionen mit 0 codiert wurden. Anschließend wurden die drei umcodierten Items aufaddiert. So erhielten beispielsweise Befragte, die selbst an FFF-Demonstrationen

---

[5] Auch hier sind die Zahlen aus beiden Umfragen relativ ähnlich: In der ersten (zweiten) Befragung gaben 5,0 % (5,1 %) der Befragten an, selbst teilgenommen zu haben, 10,1 % (6,8 %) berichteten, ein Angehöriger habe teilgenommen und 83,9 % (87,4 %) gaben an, dass kein Familienmitglied an einer FFF-Demonstration teilgenommen habe. In der ersten (zweiten) Umfrage unterstützten 48,3 % (45,8 %) der Befragten die Demonstrationen, 35,1 % (37,9 %) hielten sie für falsch, 16,3 % (15,6 %) konnten sich nicht entscheiden. Schließlich fanden 23,8 % (20,2 %) der Befragten in der ersten (zweiten) Befragung es richtig, dass die Demonstrationen während der Schulzeit stattfanden, während 64,5 % (69,5 %) der Schulpflicht den Vorrang gaben. 11,5 % (10,0 %) waren unentschieden.

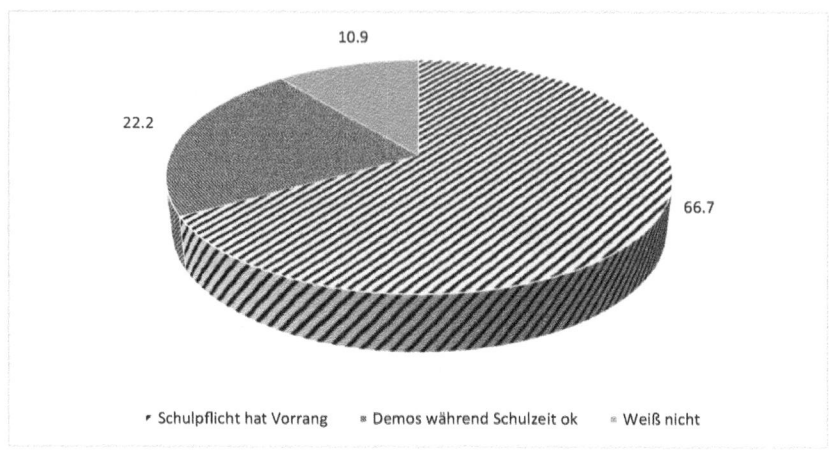

Abb. 3.5 Antwortanteile Vorrang für Schulpflicht oder nicht? (Quelle: Eigene Erhebung, Eigene Auswertung)

teilgenommen haben, diese für richtig hielten und auch Schulstreiks unterstützten, den Wert 3 („volle Unterstützung") zugeordnet, während Befragte, die nicht nur der Schulpflicht Vorrang vor den Demonstrationen einräumten, sondern auch weder selbst teilgenommen haben noch ein Familienmitglied hatten, das teilgenommen hat, und die schließlich auch die Demonstrationen für falsch hielten, den Wert 0 („keine Unterstützung") zugeordnet bekamen. Befragte, die nur in einem oder zwei Items die FFF-Bewegung unterstützten, erhielten entsprechend die mittleren Werte.

Abb. 3.6 zeigt das Ergebnis dieser Aggregation für beide Umfragen getrennt. Über beide Umfragen hinweg hat immerhin knapp die Hälfte der Befragten (47,1 %) bei keinem Item eindeutig Unterstützung für die Klimastreikbewegung zum Ausdruck gebracht, während umgekehrt nur 5,8 % alle abgefragten Aspekte der FFF-Bewegung befürworteten. Auch hier zeigt sich also ein – angesichts der breiten Wahrnehmung des Phänomens womöglich überraschend – begrenztes Maß an gesellschaftlicher Selbstermächtigung in Deutschland.

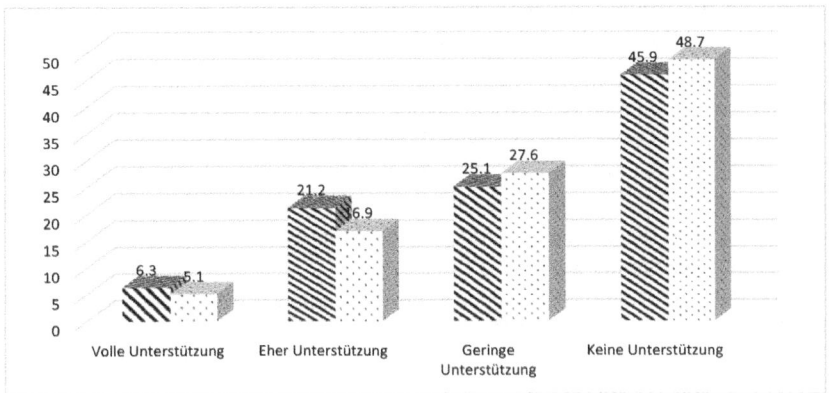

Abb. 3.6 Aggregation der Items zu Fridays-for-Future. (Quelle: Eigene Erhebung, Eigene Auswertung. Schraffierte Balken: Umfrage Juli 2020, gepunktete Balken: Umfrage Dezember 2020)

3.3   Selbstermächtigung in Bezug auf Corona-Einschränkungen

Gegen Ende 2019 tauchte zunächst in Wuhan (China) eine neuartige Atemwegserkrankung auf, die von einem bis dahin unbekannten Coronavirus (SARS-CoV-2) verursacht wurde. Die durch das Virus ausgelöste Erkrankung COVID-19 verbreitete sich schnell auch außerhalb Chinas und am 11. März 2020 erklärte die WHO die Erkrankung zu einer weltweiten Pandemie. Ab Mitte März 2020 wurden in der Bundesrepublik mitunter weitreichende Maßnahmen zur Begrenzung der Ausbreitung der Erkrankung verabschiedet. Dazu gehörte die weitreichende Beschränkung sozialer Kontakte, die Schließung von Schulen, Gaststätten, vieler Geschäfte und Dienstleistungsbetriebe der Körperpflege, Grenzschließungen sowie die Verpflichtung zum Tragen von Alltagsmasken u. a. in Geschäften und öffentlichen Verkehrsmitteln.

Politisch war die Coronapolitik seit März 2020 das politisch dominierende Thema in Deutschland. Ab März 2020 wiesen die Daten des Politbarometers der Forschungsgruppe Wahlen (2022) die Pandemie als das wichtigste Problem in Deutschland aus, wobei bspw. im März 2021 85 % der Befragten Corona als eines der zwei wichtigsten Problem Deutschlands nannten. Damit dominierte dieses Thema unangefochten die politische Agenda der Zeit seit März 2020.

Aus der Perspektive gesellschaftlicher Selbstermächtigung ist die Akzeptanz der Maßnahmen zur Eindämmung der Pandemie (im Weiteren umgangssprachlich Corona-Maßnahmen) besonders interessant. Auf der einen Seite war mit den Maßnahmen offenkundig die Einschränkung einer Vielzahl von Grundrechten verbunden, sodass sie massiv in die individuelle Lebensführung eingriffen. Insofern könnten hier die Anreize besonders groß gewesen sein, sich nicht an die Regeln zu halten. Auf der anderen Seite kam es in besonderem Maße darauf an, dass die Bevölkerung diese Regeln einhielt, sollte die Verbreitung von COVID-19 erfolgreich eingedämmt werden.

Wir haben die Bereitschaft zur Selbstermächtigung in Bezug auf die Corona-Maßnahmen durch vier Items erhoben. Zunächst wurden die Befragten gebeten anzugeben, ob sie sich an die Einschränkungen gehalten haben (ähnlich van Rooij et al. 2020), anschließend wurde konkreter danach gefragt, ob die Befragten sich die Corona-Warn-App, die kurz vor Beginn der ersten Befragung zur Verfügung gestellt worden war, schon heruntergeladen hätten oder dies noch zu tun beabsichtigten, ob sie bereit wären, sich impfen zu lassen, wenn ein Impfstoff zur Verfügung stehen sollte, und ob sie an Demonstrationen gegen die Einschränkungen durch die Corona-Maßnahmen teilgenommen hatten.

Zu beachten ist in diesem Zusammenhang, dass nur die erste Frage gesellschaftliche Selbstermächtigung im strengen Sinne abbildet, denn nur dabei geht es um die Befolgung verbindlicher Regeln, während weder die Verwendung der Corona-Warn-App noch die Impfung gesetzlich vorgeschrieben waren (Impfstoffe standen bei Durchführung beider Befragungen noch gar nicht zur Verfügung). Allerdings geht ja auch unser Verständnis von gesellschaftlicher Selbstermächtigung über die Übertretung von Gesetzen hinaus und bei Warn-App und Impfung handelte es sich zweifellos um zwei sehr zentrale Bausteine der Corona-Strategie der politisch Verantwortlichen in Deutschland. Insofern ist die Weigerung, sich daran zu beteiligen (auch wenn diese Weigerung legal ist), durchaus einschlägig für die Frage nach dem Ausmaß gesellschaftlicher Selbstermächtigung. Ebenso kann die Teilnahme an Demonstrationen zumindest dann nicht als Selbstermächtigung im strengen Sinne klassifiziert werden, wenn diese genehmigt sind und entsprechende Regeln eingehalten werden – im Gegenteil handelt es sich beim Demonstrationsrecht natürlich um ein elementares demokratisches Beteiligungsrecht. Wiederum waren aber viele der Demonstrationen gegen die Corona-Einschränkungen gerade dadurch gekennzeichnet, dass bestimmte Regeln (etwa hinsichtlich des Mindestabstandes und des Tragens von Masken) bewusst

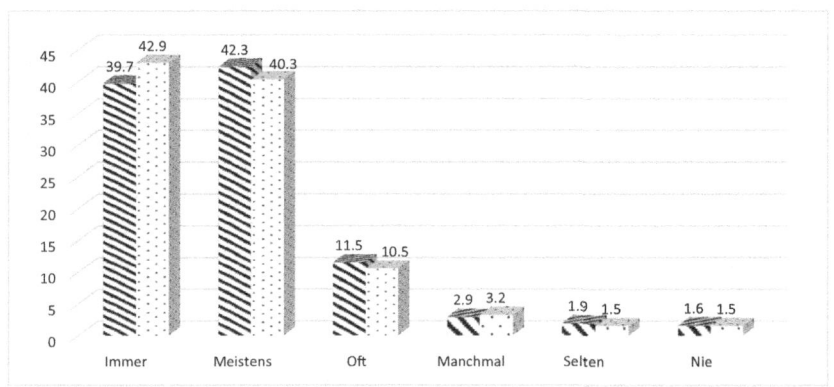

Abb. 3.7 Einhaltung der Corona-Regeln (Selbstauskunft). (Quelle: Eigene Erhebung, Eigene Auswertung. Schraffierte Balken: Umfrage Juli 2020, gepunktete Balken: Umfrage Dezember 2020 (zuerst abgedruckt in Kirsch et al. 2022: 51))

nicht eingehalten wurden (Heinze und Weisskircher 2022: 2),[6] sodass auch hier durchaus von gesellschaftlicher Selbstermächtigung gesprochen werden kann.

Wie weit verbreitet war jedoch die gesellschaftliche Selbstermächtigung in Bezug auf die Corona-Maßnahmen unter unseren Befragten? Die meisten Befragten gaben in beiden Umfragen an, sich immer (39,7 bzw. 42,9 %) oder doch meistens (42,3 bzw. 40,3 %) an die Corona-Regeln gehalten zu haben, während nur sehr kleine Minderheiten (zusammen 3,5 bzw. 3,0 %) angeben, sich selten oder nie an die Regeln gehalten zu haben (Abb. 3.7). Zu beachten ist an dieser Stelle natürlich, dass es sich hier um Selbstauskünfte der Befragten handelt, die sich nicht objektivieren lassen. Dennoch zeigt sich das Bild einer weitverbreiteten Befolgung von Regeln durch die Befragten, obwohl es sich, wie beschrieben, durchaus um weitreichende Eingriffe in die individuelle Lebensführung handelte.

Dieses Bild spiegelte sich im Sommer 2020 auch in einer vergleichsweise hohen Zufriedenheit mit der Arbeit der Bundesregierung im Hinblick auf die Eindämmung der Corona-Pandemie: über zwei Drittel unserer Befragten (68,3 %) zeigten sich zufrieden, 37 % waren sogar sehr zufrieden. Diese Zufriedenheit dürfte damit zu tun haben, dass zum Zeitpunkt der Umfrage die Fallzahlen infolge der getroffenen Maßnahmen stark rückläufig waren und zunehmend

---

[6] Vgl. z. B. https://www.deutschlandfunk.de/covid-19-pandemie-corona-demonstrationen-positionen-und.2897.de.html?dram:article_id=476457 (zuletzt abgerufen am 28.10.2020).

Liberalisierungen vorgenommen werden konnten. Dagegen hatte sich das Pandemiegeschehen zum Zeitpunkt der zweiten Umfrage erheblich gewandelt, die Zahl der Neuinfektionen hatte massiv zugenommen. Diese Veränderung schlug sich durchaus auch in der Bewertung der Arbeit der Bundesregierung bei der Bekämpfung der Corona-Krise nieder, lag doch die Zufriedenheit im Dezember 2020 nur noch bei gut 55 % der Befragten, sehr zufrieden waren nur noch 25 statt 37 %. Bemerkenswert ist jedoch, dass trotz der zurückgehenden Zufriedenheit die Einhaltung der Corona-Regeln auf dem hohen Niveau des Sommers verblieb.

Ein differenzierteres Bild zeigt sich bei der Frage nach der Bereitschaft zur Installation der Corona-Warn-App, die seit dem 16.6.2020 (und damit zwei Wochen vor Beginn unserer ersten Befragung) zur Verfügung stand (Abb. 3.8). Rund ein Drittel (32,2 %) der Befragten gab schon im Juli 2020 an, die App bereits installiert zu haben, während ein knappes Zehntel (9,5 %) behauptete, aus technischen Gründen die App nicht installieren zu können, z. B. weil sie kein Mobiltelefon besitzen oder dieses die technischen Mindestanforderungen für die App nicht erfüllt. Bei dieser Gruppe kann die Nicht-Installation also nicht als Selbstermächtigung verstanden werden. Umgekehrt gab aber auch eine starke Minderheit von 45,3 % der Befragten an, dass es eher oder sogar sehr unwahrscheinlich sei, dass sie die App noch herunterladen würden. Insbesondere das knappe Drittel an Befragten, dass es für sehr unwahrscheinlich hielt, die App noch zu installieren, kann durchaus als Gruppe gesehen werden, die eine Neigung zur Selbstermächtigung haben könnte, weigerte sie sich doch, ein zentrales Instrument der staatlichen Pandemiebekämpfung zu nutzen.

Interessanterweise änderte sich auch fünf Monate später an diesen Daten ausgesprochen wenig. Zwar war die Zahl derjenigen, die die App installiert hatten, in der Zwischenzeit etwas gestiegen und entsprechend die Zahl derjenigen in vergleichbarem Umfang gesunken, die angaben, die App sehr wahrscheinlich oder wahrscheinlich noch installieren zu wollen. Doch der Anteil derjenigen, die die App eher oder sehr wahrscheinlich nicht installieren wollten, hatte sich nicht substanziell verringert.

Auch die Bereitschaft zu einer Corona-Impfung war unter unseren Befragten erstaunlich gering, wenn man bedenkt, dass nur bei einer Impfung des überwiegenden Teils der Bevölkerung eine Rückkehr zur Normalität erreichbar erschien. Dennoch gaben im Juli 2020 nur knapp 55 % der Befragten an, sich sehr wahrscheinlich oder ziemlich wahrscheinlich impfen zu lassen (Abb. 3.9). Dagegen erscheinen insbesondere die 13,8 % der Befragten, die sagen, es sei überhaupt nicht wahrscheinlich, dass sie sich impfen lassen würden, als besonders wenig empfänglich für die Aufrufe für ein gemeinsames Handeln gegen die Pandemie. Insofern können zumindest diese Personen durchaus als Selbstermächtigerinnen

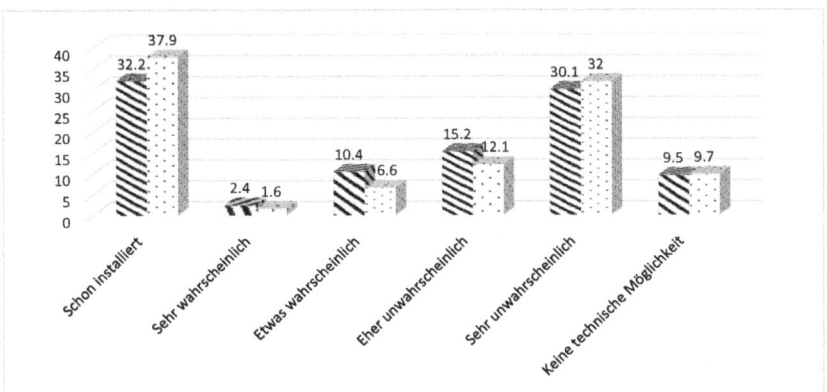

Abb. 3.8 Installation der Corona-WarnApp. (Quelle: Eigene Erhebung, Eigene Auswertung. Schraffierte Balken: Umfrage Juli 2020, gepunktete Balken: Umfrage Dezember 2020)

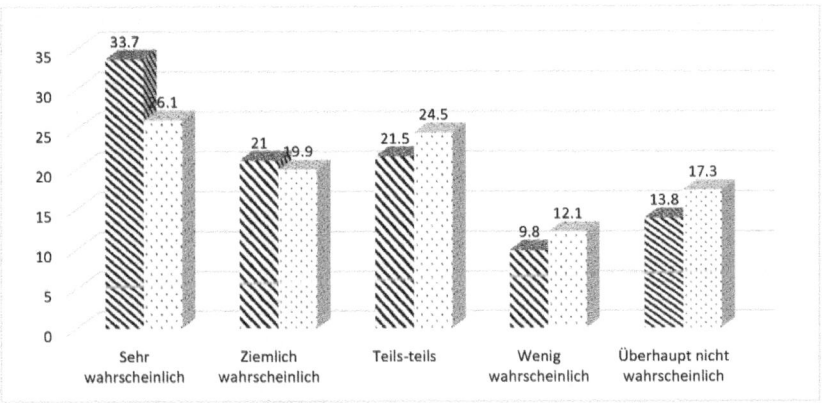

Abb. 3.9 Bereitschaft zur Impfung gegen Corona. (Quelle: Eigene Erhebung, Eigene Auswertung. Schraffierte Balken: Umfrage Juli 2020, gepunktete Balken: Umfrage Dezember 2020)

und Selbstermächtiger betrachtet werden, wenngleich zu berücksichtigen ist, dass zum Zeitpunkt der Umfrage erstens die Infektionszahlen überall erheblich gefallen waren und zweitens kein Impfstoff zur Verfügung stand, sodass die Frage also hypothetisch war.

Aber auch unter dem Eindruck erheblich gestiegener Infektionszahlen und der realistischeren Perspektive auf eine baldige Impfung (Antrag auf Zulassung des ersten Impfstoffs in der EU am 01.12.2020) blieb die Impfbereitschaft unter den Befragten unserer zweiten Umfrage aus dem Dezember 2020 gering, ja, im Vergleich mit der ersten Umfrage war sie sogar noch gefallen: Nur noch 46 % unserer Befragten waren nun sehr wahrscheinlich oder wahrscheinlich bereit, sich impfen zu lassen, fast 30 % hielten es für ziemlich oder sehr unwahrscheinlich, sich impfen zu lassen.

Schließlich werfen wir noch einen Blick auf die Beteiligung an Demonstrationen gegen die Corona-Einschränkungen (Abb. 3.10). Dabei zeigt sich, dass nur ein sehr kleiner Teil unserer Befragten angibt, an solchen Kundgebungen teilgenommen zu haben, nämlich weniger als 4 %. Das scheint die Beteiligung an entsprechenden Demonstrationen jedenfalls nicht zu unterschätzen, ist die Zahl der Teilnehmer und Teilnehmerinnen an solchen Demonstrationen für das Jahr 2020 in der Literatur doch auf einige Zehntausend taxiert worden (Grande et al. 2021: 5–6), wenngleich das Mobilisierungspotenzial deutlich höher gelegen haben könnte (Grande et al. 2021).

Ähnlich wie oben für die Selbstermächtigung im Falle der Fridays for Future-Bewegung soll auch für die Corona-Compliance abschließend eine Aggregation der verschiedenen Items versucht werden. Wiederum werden sämtliche Variablen

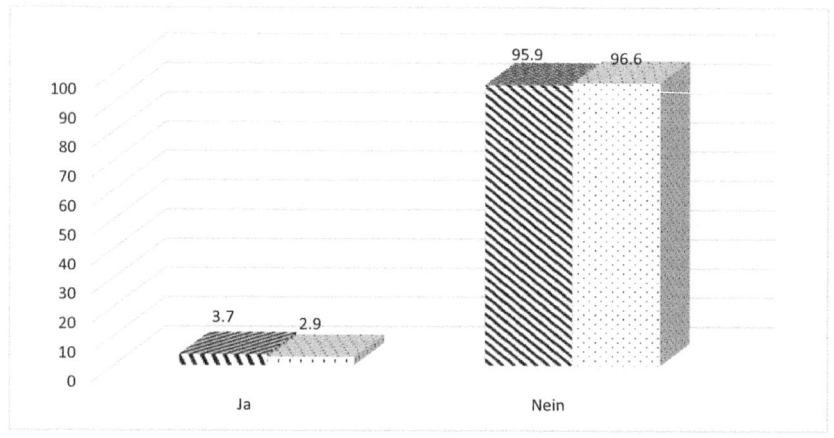

Abb. 3.10 Teilnahme an Demonstrationen gegen Corona-Maßnahmen. (Quelle: Eigene Erhebung, Eigene Auswertung. Schraffierte Balken: Umfrage Juli 2020, gepunktete Balken: Umfrage Dezember 2020)

so umcodiert, dass höhere Werte ein höheres Maß an Selbstermächtigung anzeigen. Zudem wird die zusätzliche Varianz genutzt, die dadurch entsteht, dass die Corona-Variablen (mit Ausnahme der Frage nach Teilnahme an Demonstrationen) nicht dichotom, sondern in mehreren Abstufungen erhoben worden sind. So wird beispielsweise bei der allgemeinen Frage nach der Befolgung der Corona-Regeln die Antwort „Immer an die Regeln gehalten" mit 0 codiert, „meistens" mit 1, „oft" mit 2, „manchmal" mit 3, „selten" mit 4 und „nie" mit 5. Ähnlich wird bei den anderen Items verfahren, wobei bei der Corona-Warn-App die folgenden Antworten mit 0 codiert wurden: Die App wurde bereits installiert, wird sehr wahrscheinlich installiert und kann aus technischen Gründen nicht installiert werden. Da bei der Frage nach der Teilnahme an Demonstrationen nur eine dichotome Antwortoption existiert, wird für diese Frage die Nicht-Teilnahme mit 0 und die Teilnahme mit 2 codiert (zu Details der Aggregation vgl. Anhang 1). Insgesamt ergibt sich aus der Aggregation ein Wertebereich zwischen 0 (= immer an die Corona-Einschränkungen gehalten, Warn-App installiert, sehr wahrscheinliche Impfung, keine Teilnahme an Demonstrationen) und 14 (nie an Regeln gehalten, Installation der App und Impfung sehr unwahrscheinlich, Teilnahme an Demonstration gegen Corona-Beschränkungen). Die entsprechende Verteilung ist in Abb. 3.11 dargestellt.

Auch auf dieser aggregierten Ebene zeigt sich, dass sich die große Mehrheit der Befragten regelkonform verhält (bzw. zumindest behauptet, dies zu tun).

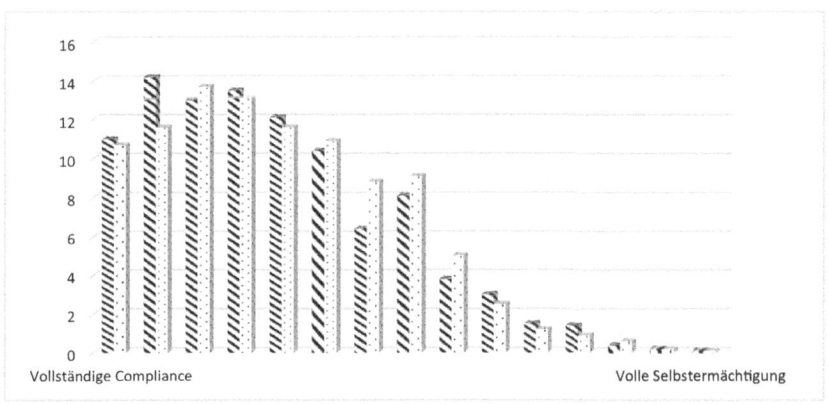

Abb. 3.11 Aggregation der Items zu Corona-Compliance (in Prozent der Befragten). (Quelle: Eigene Erhebung, Eigene Auswertung. Schraffierte Balken: Umfrage Juli 2020, gepunktete Balken: Umfrage Dezember 2020)

Rund die Hälfte der Befragten (52 bzw. 49 %) kommt auf der 15er-Skala auf 0 bis 3 Punkte. Vergegenwärtigt man sich, dass Befragte, die sich meistens an die Corona-Einschränkungen gehalten haben, sich wahrscheinlich die Warn-App installieren werden, sich ziemlich wahrscheinlich impfen lassen wollen und nicht an Demonstrationen teilgenommen haben, bereits den Wert 3 aufweisen, wird deutlich, dass es sich dabei um ausgesprochen gesetzestreue Menschen handelt.

Nimmt man alle Befragten bis zu einem Wert von 5 hinzu (das sind z. B. Menschen, die sich meistens an die Corona-Einschränkungen gehalten haben, sich wahrscheinlich die Warn-App installieren werden, nicht an Demonstrationen teilgenommen haben, sich aber wenig wahrscheinlich impfen lassen), können knapp drei Viertel der Befragten (74,7 bzw. 71,6 %) als nicht für Selbstermächtigung anfällig klassifiziert werden – und das angesichts der beschriebenen massiven Einschränkungen, die die Maßnahmen zur Eindämmung der Corona-Pandemie mit sich brachten. Umgekehrt ist der Anteil der harten Selbstermächtiger mit Werten von 10 und größer (das sind z. B. Menschen, die sich selten an die Corona-Einschränkungen gehalten haben, bei denen es eher unwahrscheinlich ist, dass sie die Corona-Warn-App installieren, die sich hinsichtlich einer Impfung unsicher sind und die an einer Demonstration gegen die Corona-Einschränkungen teilgenommen haben; Wert 10) mit 3,7 bzw. 3,0 % aller Befragten gering.

3.4   Selbstermächtigung in den empirischen Fällen im Vergleich

Schließlich ist noch zu untersuchen, ob es sich bei denjenigen Personen, die sich in den beiden empirischen Beispielen unserer Untersuchung, Fridays for Future und Corona, als Selbstermächtiger zeigen, um die gleichen Personengruppen handelt. Um dies zu untersuchen, haben wir zunächst jeweils eine Gruppe von Selbstermächtigern in Bezug auf die beiden empirischen Beispiele gebildet, die wir einer Gruppe von Regelbefolgerinnen gegenüberstellen. Dazu haben wir auf die oben eingeführten aggregierten FFF- und Corona-Scores zurückgegriffen. Bei Fridays for Future haben wir zunächst diejenigen Personen als Selbstermächtigerinnen definiert, die bei mindestens einem Item Unterstützung für FFF haben erkennen lassen (also einen Score zwischen 1 und 3 aufwiesen), und dieser Gruppe diejenigen Befragten gegenübergestellt, die einen aggregierten Wert von 0 aufwiesen, also weder an FFF-Demonstrationen teilgenommen haben noch diese richtig fanden und auch einen Vorrang der Schulpflicht geltend gemacht haben. Beim Beispiel der Corona-Einschränkungen haben wir für die Regelbefolger das strengere Kriterium eines aggregierten Corona-Regelbefolgungs-Scores zwischen

0 und 3 gesetzt, während Befragte mit einem aggregierten Score von 4 und höher als Corona-Selbstermächtiger codiert wurden.

Die fett gesetzten Werte in Tab. 3.2 zeigen die relativen Anteile von vier verschiedenen Gruppen: Personen, die sowohl hinsichtlich FFF als auch Corona als Regelbefolger betrachtet werden können (Zelle 1), Personen, die sich zwar in einem, aber nicht im anderen Bereich selbst ermächtigen (Zellen 2 und 3), sowie Befragte, die in beiden Bereichen als Selbstermächtiger auftreten. Wenn man davon ausgeht, dass es lediglich eine bestimmte Personengruppe gibt, die, unabhängig vom Gegenstand, zu Selbstermächtigung neigt, wäre zu erwarten, dass sich die überwiegende Mehrzahl der Befragten in den Zellen 1 (Regelbefolger) und 4 (Selbstermächtiger) findet. Das ist aber gerade nicht der Fall, in diesen beiden Zellen findet sich deutlich weniger als die Hälfte aller Befragten (zusammen 43,1 %). Vielmehr legen die Zahlen nahe, dass die Mehrzahl der Befragten „selektive Selbstermächtigerinnen" sind, die in bestimmten Bereichen Regeln weitgehend befolgen, in anderen aber auch bereit sind, die Regeln zu übertreten. Interessanterweise zeigt sich für unsere beiden empirischen Beispiele sogar eine Tendenz, derzufolge Befragte, die als Corona-Selbstermächtiger gelten können, tendenziell FFF weniger unterstützen und umgekehrt. So halten sich 57,2 % der FFF-Unterstützerinnen an die Coronaregeln, während 54 % der Corona-Selbstermächtiger der Schulpflicht den Vorrang geben, sich nicht an den FFF-Demonstrationen beteiligt haben und diese für nicht richtig halten.

Allerdings basieren diese Werte auf einer sehr weiten Definition von Selbstermächtigung. In einem weiteren Schritt haben wir das Konzept daher empirisch strenger gefasst: Für die Fridays for Future-Fragen betrachten wir nun nur noch diejenigen Befragten als Selbstermächtiger, die auf den Maximalwert von 3 kommen, bei den Corona-Fragen betrachten wir Selbstermächtigung erst ab einem Punktwert von 10 und mehr als gegeben. Die entsprechenden Werte finden sich in Tab. 3.2 kursiv gesetzt. Durch diese wesentlich striktere Definition wird die Zahl der Selbermächtigerinnen natürlich sehr viel kleiner und entsprechend identifizieren wir den überwiegenden Teil der Befragten (90,9 %) als reine Regelbefolger. Interessanter ist aber, dass wir in beiden Umfragen zusammen, also bei insgesamt über 2.400 Befragten, nicht eine einzige Person finden, die sowohl im Bereich Fridays for Future als auch bei den Corona-Maßnahmen als strikter Selbstermächtiger auftritt.

Statistisch findet sich entsprechend ein zwar nicht starker, aber hochsignifikant negativer Zusammenhang zwischen Selbstermächtigung in den Bereichen Klimaschulstreiks und Corona (gemessen über den jeweiligen aggregierten Index; $r_s =$ -.159, p<.000; $\tau = -.127$, p<.000).

Tab. 3.2 Selbstermächtigung bei Fridays-for-Future und Corona

	Keine Unterstützung für FFF	FFF-Unterstützer	Summe
Corona-Regelbefolger	**20,4 %** *90,9 % (strikt)* 1	**30,2 %** *5,7 % (strikt)* 2	**50,6 %** *96,6 % (strikt)*
Corona-Selbstermächtiger	**26,7 %** *3,4 % (strikt)* 3	**22,7 %** *0,0 % (strikt)* 4	**49,4 %** *3,4 % (strikt)*
Summe	**47,2 %** *94,3 % (strikt)*	**52,8 %** *5,7 % (strikt)*	

Quelle: eigene Erhebung, eigene Berechnung
Anmerkung: Die **breite** *Definition von Selbstermächtigung ist fett gedruckt und umfasst den Anteil von Personen mit aggregierten Corona-Scores zwischen 4 und 14, Corona-Regelbefolger haben Scores zwischen 0 und 3. Bei FFF gelten bei der breiten Definition Personen als Selbstermächtiger, die Werte zwischen 1 und 3 aufweisen, Personen mit einem aggregierten Score von 0 gelten als Regelbefolger. Die* **strikte** *Definition von Selbstermächtigung ist kursiv gedruckt und umfasst für die Corona-Maßnahmen den Anteil von Personen mit aggregierten Scores zwischen 10 und 14, Corona-Regelbefolger weisen Scores zwischen 0 und 9 auf. Bei FFF werden Personen mit einem aggregierten Score von 3 als strikte FFF-Unterstützer gewertet, alle anderen Personen werden nicht als Selbstermächtiger gewertet.*

3.5   Zusammenfassung

Was lässt sich über das Ausmaß an Selbstermächtigung in Deutschland im Jahr 2020 aus den vorgestellten Daten sagen? Zunächst erscheint die Beobachtung zentral, dass die Übertretung von Regeln keineswegs ein gesellschaftlich breit akzeptiertes Verhalten ist. Nur eine Minderheit findet es richtig, wenn Menschen das Recht in die eigene Hand nehmen, und auch eine Beschränkung der Regeleinhaltung auf Fälle, in denen man mit der Regel einverstanden ist oder in denen man negative Folgen zu gewärtigen hat, findet kaum Zustimmung. Allenfalls in Gewissenskonflikten existiert eine größere Bereitschaft, Regelbrüche zu akzeptieren. Im historischen Vergleich, der aber lediglich über eine einzelne Frage möglich ist, scheint das Niveau an abstrakter Selbstermächtigung im Jahr 2020 ebenfalls nicht über dem langjährigen Durchschnitt zu liegen, wenngleich es deutlich höher ist als 2016, dem Jahr der letzten einschlägigen Befragung.

Blickt man auf konkrete Fälle von möglicher Selbstermächtigung, zeigt sich ebenfalls ein eher regelkonformes Verhalten der Mehrheit der Befragten (jedenfalls nach eigenem Bekunden). Gleichwohl finden wir auch eine nennenswerte Zahl von Menschen, die in konkreten Fällen durchaus Sympathien für nicht-regelkonformes Verhalten hegt oder Regeln sogar bricht. Allerdings hängt es vom konkreten Gegenstand ab, ob Menschen zur Selbstermächtigung bereit sind oder nicht. Menschen, die bereit sind, sich an Klimastreiks zu beteiligen, halten sich also keineswegs notwendigerweise auch weniger an die Corona-Einschränkungen – eher scheint sogar das Gegenteil der Fall zu sein.

Literatur

Forschungsgruppe Wahlen. 2022. Wichtige Probleme in Deutschland. abrufbar unter https://www.forschungsgruppe.de/Umfragen/Politbarometer/Langzeitentwicklung_-_Themen_im_Ueberblick/Politik_II/9_Probleme_1_1.xlsx (zuletzt abgerufen am 18.03.2022).

Grande, Edgar, Swen Hutter, Sophia Hunger, und Eylem Kanol. 2021. *Alles Covidioten? Politische Potenziale des Corona-Protests in Deutschland*. Wissenschaftszentrum Berlin für Sozialforschung: Discussion Paper ZZ 2021–601, abrufbar unter https://bibliothek.wzb.eu/pdf/2021/zz21-601.pdf

Heinze, Anna-Sophie, und Manès Weisskircher. 2022. How Political Parties Respond to Pariah Street Protest: The Case of Anti-Corona Mobilisation in Germany. *German Politics* online first (doi: https://doi.org/10.1080/09644008.2022.2042518).

Kirsch, Peter, Hanno Kube, und Reimut Zohlnhöfer. 2022. Selbstermächtigung: Spaltung der Gesellschaft durch Misstrauen. Forum Marsilius-Kolleg 20: 46–56.

Raisch, Judith, und Reimut Zohlnhöfer. 2020. Beeinflussen Klima-Schulstreiks die politische Agenda? Eine Analyse der Twitterkommunikation von Bundestagsabgeordneten. Zeitschrift für Parlamentsfragen 51(3): 667–682.

van Rooij, Benjamin, Anne Leonore de Bruijn, Chris Reinders Folmer, Emmeke Kooistra, Malouke Esra Kuiper, Megan Brownlee, Elke Olthuis, und Adam Fine. 2020. *Compliance with COVID-19 Mitigation Measures in the United States*. Amsterdam: Amsterdam Law School Legal Studies Research Paper No. 2020–21. Abrufbar unter https://doi.org/10.2139/ssrn.3582626

Corona-Selbstermächtigung

4

4.1 Daten und Methode

In diesem Kapitel diskutieren wir das (selbst berichtete) Verhalten der Befragten zu den verschiedenen Maßnahmen, die der Eindämmung der Corona-Pandemie dienen sollten. Dazu greifen wir auf den im vorherigen Kapitel vorgestellten Index zurück, der die Antworten der Respondenten zu den Themenbereichen „Einhalten der Corona-Einschränkungen", „Impfbereitschaft", „Bereitschaft zur Installation der Corona-App" und „Teilnahme an Anti-Corona-Demonstrationen" zusammenfasst und Ausprägungen zwischen 0 (perfekte Corona-Compliance) und 14 (vollständige Corona-Selbstermächtigung) annehmen kann. Das bedeutet für die nachfolgende Analyse, dass positive Koeffizienten besagen, dass Befragte, die das fragliche Merkmal (stärker) aufweisen, stärker zu Selbstermächtigung bzw. weniger zu Compliance im Bereich Corona-Maßnahmen neigen. Umgekehrt weist ein negatives Vorzeichen auf größere Corona-Compliance und geringere Selbstermächtigung.

Als erklärende Variablen verwenden wir mehrere Variablenblöcke. Zunächst betrachten wir sozio-ökonomische Variablen, wie das Alter, das Geschlecht, die Bildung, und die Beschäftigung bzw. den Status als arbeitslos bzw. in Kurzarbeit befindlich. Zudem wird in diesem Block für den Wohnort in West- bzw. Ostdeutschland kontrolliert.

Spezifisch für die Corona-Maßnahmen betrachten wir anschließend Faktoren, die die (subjektive) Betroffenheit von der Corona-Pandemie abbilden. Dazu gehört die von den Befragten wahrgenommene Wahrscheinlichkeit, dass sie sich selbst oder sich ein Familienmitglied in den folgenden zwei Monaten mit dem Corona-Virus infiziert bzw. eine solche Infektion bereits erfolgt ist. Daneben sollten die Befragten einschätzen, 1) für wie wahrscheinlich sie es halten, von Polizei oder Ordnungsamt erwischt zu werden, wenn man sich nicht an die Corona-Einschränkungen hält, und 2) wie „schlimm" es für sie gewesen wäre, erwischt zu werden. Die Formulierung wurde bewusst offen gewählt, da neben möglichen Strafen hier auch bspw. Schamgefühle des Erwischtwerdens abgefragt werden sollten. Zudem nutzen wir eine Frage, in der die Befragten angeben sollten, ob sie die Einschränkung der Grundrechte zur Eindämmung der Pandemie für gerechtfertigt halten. Schließlich haben wir in der zweiten Umfrage noch gefragt, wie sich die wirtschaftliche Situation der Befragten durch die Corona-Pandemie und die Bemühungen um deren Eindämmung verändert hat. Da für diese Frage nur für die zweite Erhebung Daten zur Verfügung stehen, kann sie nicht in die Grundmodelle aufgenommen werden, sie wird aber in den Robustheitsüberprüfungen eingeschlossen.

Weiterhin überprüfen wir, ob das Vertrauen in verschiedene politische Institutionen (Bundestag, Bundesregierung, Bundesverfassungsgericht, Landtag und Landesregierung des Bundeslandes, in dem der/die Befragte lebt) sowie in Parteien, die Wissenschaft, die öffentlich-rechtlichen sowie soziale Medien eine Rolle für die Bereitschaft spielt, sich entsprechend der Corona-Eindämmungsstrategie der politischen Entscheidungsträger zu verhalten. Auch die Rolle der Zufriedenheit mit dem Funktionieren der Demokratie in Deutschland wird beleuchtet. In den Bereich des Vertrauens gehören aber auch die Antworten auf die Fragen danach, ob die Befragten glauben, dass Bundestagsabgeordnete versuchen, ihre Wahlversprechen zu halten, und dass man darauf vertrauen kann, dass die Gerichte die Rechte der Bürgerinnen und Bürger gegenüber den Maßnahmen zur Eindämmung der Pandemie wirksam schützen.

Ein weiterer Block von Faktoren lässt sich unter der Überschrift Selbstwirksamkeit zusammenfassen. Hier untersuchen wir, ob sich die Corona-Compliance in Zusammenhang bringen lässt mit dem subjektiven politischen Interesse der Befragten, mit ihrer Wahrnehmung, selbst Einfluss auf politische Entscheidungen nehmen zu können, sowie mit der Selbsteinschätzung, einen Einblick in die wichtigen politischen Probleme zu besitzen, denen Deutschland gegenübersteht. Letzterer Einschätzung wird zudem das objektive Wissen gegenübergestellt, das – wie in der Literatur üblich (Jensen und Zohlnhöfer 2020) – über eine Frage zum Wahlsystem der Bundesrepublik gemessen wird.

Anschließend betrachten wir, welche Rolle die Zufriedenheit der Befragten mit der Problemlösungsfähigkeit der deutschen Politik für die Corona-Compliance spielt. Dabei werden die sechs Bereiche Flüchtlingskrise, Rente, Umgang mit Bedrohungen für Deutschlands Sicherheit, Corona-Pandemie, Klimaschutz und Eurokrise verwendet.

Ein weiterer Block widmet sich den Parteipräferenzen der Befragten. Hier werden die im 19. Deutschen Bundestag vertretenen Parteien CDU/CSU, SPD, AfD, FDP, Die Linke und Bündnis 90/Die Grünen, andere Parteien sowie Nicht-Wähler (die aber wählen dürften) berücksichtigt.

Darüber hinaus wird auf der individuellen Ebene noch das interpersonelle Vertrauen sowie die Verschwörungsmentalität analysiert. Schließlich betrachten wir noch eine Variable, die wir im vorangegangenen Kapitel bereits eingeführt haben und die wir als Indikator für die Akzeptanz von Selbstermächtigung betrachten, nämlich die Frage danach, ob man Gesetzen ohne Ausnahme folgen muss oder man in Einzelfällen seinem Gewissen folgen darf.

Als reine Kontrollvariable wird schließlich noch eine Dummyvariable inkludiert, die für die Befragung (Sommer oder Winter 2020) kontrolliert.

Die im Folgenden berichteten Ergebnisse beruhen auf Regressionsanalysen, in die mit wenigen Ausnahmen sämtliche hier diskutierten Variablen aufgenommen wurden. Dabei treten vereinzelt Probleme mit Multikollinearität auf, die zu verzerrten Schätzungen von Koeffizienten und Standardfehlern führen können. Insbesondere die Variablen, die das Vertrauen in Bundestag und Bundesregierung messen, weisen fast durchgehend Varianzinflationsfaktoren von über 10 auf, sodass hier vom Vorliegen von Multikollinearität auszugehen ist. Daher wurden diese Variablen aus der Berechnung der Regressionen ausgeschlossen.

Einzelne weitere Variablen konnten aus verschiedenen Gründen ebenfalls nicht in die Hauptmodelle aufgenommen werden. Das betrifft zunächst die Variable zu den persönlichen wirtschaftlichen Folgen der Pandemie und ihrer Bekämpfung, die nur in der zweiten Befragung erhoben wurde. Bei den Parteipräferenzen wurden zudem getrennte Modelle für Unterstützer solcher Parteien geschätzt, die die Corona-Politik in Deutschland jedenfalls im Grundsatz unterstützten (CDU/CSU, SPD, FDP, Linke, Grüne), und solche, die der Corona-Politik kritisch gegenüberstanden (AfD, sonstige Parteien sowie Nicht-Wähler). Weiterhin wurden bei der Frage, ob man sich immer an Gesetze halten muss, diejenigen Befragten ausgeschlossen, die mit „Weiß nicht" geantwortet haben. Da dadurch die Fallzahl deutlich, nämlich um rund 250 Fälle, sinkt, wurde diese Variable nur in Robustheitstests integriert. Schließlich ergibt die Dummyvariable, die die Welle der Befragung abbildet, einen signifikant positiven Koeffizienten. Das bedeutet, dass selbstermächtigendes Verhalten in Bezug auf die Corona-Eindämmungsstrategie der deutschen Entscheidungsträger im zweiten Beobachtungszeitraum (im Wesentlichen Dezember 2020) signifikant stärker ausgeprägt war als im ersten Beobachtungszeitraum (im Wesentlichen Juli 2020). Um diesen Unterschieden gerecht zu werden, wurden zusätzlich getrennte Modelle für die beiden Beobachtungszeiträume berechnet. Schließlich wird jeweils noch untersucht, ob sich die Befunde auch für die einzelnen Elemente des Selbstermächtigungsindex, also Befolgung der Regeln, Impfbereitschaft sowie Bereitschaft zur Installation der Corona-Warn-App, replizieren lassen. Gesonderte Modelle für die Teilnahme an Demonstrationen werden aufgrund der geringen Varianz nicht berichtet (vgl. aber Grande et al. 2021 für eine solche Analyse).

Im Folgenden werden die Ergebnisse der statistischen Analyse nach den soeben dargestellten Faktorenbündeln vorgestellt. Auch wenn in jedem Abschnitt nur die Koeffizienten der jeweils für den Abschnitt relevanten Variablen berichtet werden, wird immer für alle weiteren Variablen kontrolliert. Dabei werden stets die Ergebnisse von Modellen sowohl für beide Zeiträume gemeinsam (2.296 Befragte) als auch für die einzelnen Zeiträume getrennt dargestellt (1.266 Befragte für den Juli 2020, 1.030 Befragte im Dezember 2020). Um die Vergleichbarkeit zwischen den Modellen zu gewährleisten, wird stets auf die Inklusion der Variable zu den persönlichen wirtschaftlichen Folgen sowie zur Akzeptanz von Selbstermächtigung verzichtet und für die Parteien kontrolliert, die die Coronapolitik von Bund und Ländern unterstützten. Etwaige Änderungen der Ergebnisse bei Einschluss der zunächst ausgeschlossenen Variablen oder der alternativen Parteienvariable werden verbal erläutert. Die Ergebnisse für die im Gesamtmodell zunächst nicht enthaltenen Variablen werden in den jeweils relevanten Abschnitten natürlich gleichfalls berichtet. Die Varianzaufklärung der Modelle ist insgesamt gut, für den Gesamtzeitraum und den zweiten Beobachtungszeitraum liegt das korrigierte R^2 jeweils bei 0,43, für den ersten Beobachtungszeitraum liegt der Wert bei 0,44. Das bedeutet, dass unsere Modelle zwischen 43 und 44 % der Varianz zwischen den Befragten erklären können.

4.2 Sozio-ökonomische Faktoren

Wir beginnen unsere empirische Analyse mit einer Reihe sozio-ökonomischer Faktoren. Bevor wir allerdings in die empirische Analyse einsteigen, ist knapp zu klären, welche Einflussrichtungen wir aus welchen Gründen jeweils erwarten. Zunächst ist anzunehmen, dass Personen mit zunehmendem *Alter* weniger zu Corona-Selbstermächtigung neigen. Das könnte einerseits daran liegen, dass allgemein die Regeleinhaltung bei Älteren sozialisationsbedingt höher liegen sollte als bei Jüngeren (Dalton 2004, 2015; Norris 1999); andererseits steigt die Gefahr, die von einer Ansteckung mit dem Corona-Virus ausgeht, mit dem Lebensalter an. Soweit die Befragten sich dessen bewusst sind, sollten Ältere sich strenger an die Auflagen halten und auch ihre Impfbereitschaft sowie die

Nutzung der Warn-App[1] sollte höher sein (Charron et al. 2022: 13; Vasilopoulos et al. 2022: 11).

Hinsichtlich des *Geschlechts* haben wir keine konkreten Erwartungen. Dagegen könnte die *Bildung* negativ mit Corona-Selbstermächtigung korrelieren, weil zu erwarten ist, dass sich die Zusammenhänge zwischen den Maßnahmen zur Eindämmung der Pandemie und möglichen Ansteckungen für besser ausgebildete Menschen leichter erschließen. Gleichzeitig ließe sich aber auch ein entgegengesetzter Effekt vermuten, da es gerade die gut Gebildeten sind, die als „critical citizens" auftreten, nicht zwingend staatliche Regeln befolgen (Ackermann und Zohlnhöfer 2021) und mithin auch die Corona-Maßnahmen hinterfragen könnten.

Menschen, die einer *Erwerbstätigkeit* nachgehen, könnten eher als andere zu Corona-Selbstermächtigung neigen. Das könnte etwa daran liegen, dass sich ihnen eher die Chance zum Bruch der Corona-Regeln bietet (van Rooij et al. 2020: 8), da die Erwerbstätigkeit – trotz weit verbreiteter Homeoffice-Möglichkeiten – am ehesten die Notwendigkeit bietet, sich außer Haus zu bewegen, wo es eher zu Regelübertretungen kommen kann – z. B. hinsichtlich Maskenpflicht oder Abstand beim Gespräch mit Kolleginnen und Kollegen. Daher müsste dieser Zusammenhang vor allem bei der tatsächlichen Einhaltung der Corona-Regeln zu beobachten sein. Menschen, die *arbeitslos* sind, und insbesondere *Kurzarbeiter* könnten ebenfalls zu höherer Corona-Selbstermächtigung neigen, weil sie ihre wirtschaftlich schwierige Situation mit den Maßnahmen zur Eindämmung der Pandemie in Zusammenhang bringen könnten.

Schließlich kontrollieren wir dafür, ob die Befragten in einem *ost- oder einem westdeutschen Bundesland* wohnen, ohne konkrete Erwartungen für eine Richtung des Koeffizienten zu haben.

Tatsächlich zeigt die Betrachtung von sozio-ökonomischen Faktoren erste deutliche Zusammenhänge auf. So spielt das Alter der Befragten wie erwartet eine wichtige Rolle für die Einhaltung der Corona-Maßnahmen. Unserer Analyse zufolge nimmt mit zunehmendem Alter die Bereitschaft ab, sich selbst zu ermächtigen. Anders ausgedrückt: Ältere geben eher an, sich an die Regeln zu halten, die App zu installieren oder sich impfen lassen zu wollen. Die Differenz ist durchaus substanziell. Legt man die Koeffizienten aus Modell (1) in Tab. 4.1 zugrunde und hält alle anderen Variablen konstant, ergibt sich zwischen einem 18jährigen und

---

[1] Grundsätzlich könnte eingewendet werden, dass Ältere weniger technikaffin sind und sich entsprechend mit der Installation und Nutzung der App schwerer getan haben könnten. Zumindest in unserem Sample, das ja auf einem Online-Survey basiert und insofern ein Mindestmaß an Aufgeschlossenheit gegenüber digitaler Technik seitens der Befragten nahelegt, sollte allerdings der Aspekt des Schutzes vor einer Infektion überwiegen.

Tab. 4.1 Der Einfluss sozio-ökonomischer Faktoren auf Corona-Selbstermächtigung

	(1) Beide Erhebungen	(2) Erhebung 1	(3) Erhebung 2
Alter	−0,027*** (0,003)	−0,027*** (0,005)	−0,027*** (0,005)
Geschlecht	−0.090 (0,093)	−0,135 (0,127)	−0,022 (0,141)
Bildung	−0,032 (0,031)	−0,033 (0,042)	−0,035 (0,046)
Beschäftigung (Dummy)	0,380*** (0,097)	0,356** (0,128)	0,437** (0,151)
Arbeitslos oder in Kurzarbeit (Dummy)	0,612** (,177)	0,360 (0,252)	0,849** (0,255)
Westdeutschland	−0,194 (0,127)	−0,092 (0,168)	−0,303 (0,198)

*Anmerkung: Wiedergegeben sind die Regressionskoeffizienten der in diesem Abschnitt interessierenden Variablen. Die Modelle, auf denen die Koeffizienten basieren, inkludieren sämtliche im Text diskutierten Variablen. Standardfehler in Klammern. * p < 0,05; ** p < 0,01; *** p < 0,001.*

einem 80jährigen Befragten mit ansonsten identischen Eigenschaften eine Differenz von gut 1,7 Punkten auf unserer 15stufigen Skala – das entspricht fast der Differenz zwischen sich „immer" und „oft" an die Corona-Einschränkungen zu halten.

Dagegen spielt das Geschlecht der Befragten ebenso wie die Bildung keine Rolle für die Corona-Compliance, beide Koeffizienten sind weit von statistischer Signifikanz entfernt. Allerdings scheint zumindest in Bezug auf das Geschlecht die Analyse der aggregierten Corona-Compliance bestimmte Geschlechterunterschiede zu überdecken. Betrachtet man nämlich das selbst berichtete Halten an Regeln und die Impfbereitschaft getrennt, finden sich signifikante Unterschiede zwischen Männern und Frauen, die allerdings in unterschiedliche Richtungen weisen.[2] Während Frauen signifikant häufiger angeben, sich an die Corona-Regeln gehalten zu haben (ähnlich auch Anderson 2022: 14; Six et al. 2021: 13; Vasilopoulos et al. 2022: 11), waren sie bei der Impfbereitschaft gegen Corona laut unseren Umfragen zurückhaltender als Männer. Substanziell waren diese

---

[2] Die Zahl der Menschen mit diversem Geschlecht in unseren Befragungen war zu gering, um statisch berücksichtigt werden zu können.

Effekte allerdings jeweils nur begrenzt, nämlich bei rund 0,15 Punkten auf den zugrunde liegenden fünf- bzw. sechsstufigen Skalen.

Für die Arbeitsmarktsituation lassen sich dagegen wiederum auch auf der aggregierten Ebene signifikante Unterschiede feststellen. Sowohl Personen, die (sei es in Vollzeit oder in Teilzeit) einer Beschäftigung nachgehen, als auch Menschen, die zum Zeitpunkt der Befragung arbeitslos waren oder Kurzarbeitergeld erhielten, wiesen eine signifikant höhere Bereitschaft zu Corona-Selbstermächtigung auf als die verbleibenden Gruppen (Personen in Ausbildung, Renterinnen und Renter, Hausfrauen und -männer). Die naheliegende Annahme, dass Berufstätige womöglich die Regeln weniger beachten, weil sie wegen der Arbeit häufiger außer Haus sind und entsprechend mehr Gelegenheiten haben, sich nicht an die Corona-Regeln zu halten, lässt sich auf den ersten Blick aber nicht bestätigen: Bei einer Analyse nur der Einhaltung der Corona-Regeln findet sich kein signifikanter Zusammenhang (ebenso wenig übrigens für Arbeitslose und Kurzarbeiter). Dagegen findet sich für beide Gruppen eine signifikant niedrigere Impfbereitschaft und Beschäftigte geben auch weniger an, die Corona-App zu nutzen.

Einen signifikanten Unterschied in der Bereitschaft zu Corona-Selbstermächtigung zwischen Menschen, die in Ost- und Westdeutschland wohnen, finden wir in unseren Daten dagegen weder für die aggregierte Skala noch für die spezifischeren Fragen zur Einhaltung der Corona-Regeln oder zur Impfbereitschaft. Lediglich beim Herunterladen der Corona-App scheinen Menschen in Ostdeutschland zurückhaltender gewesen zu sein.

Die berichteten Zusammenhänge bleiben für die gemeinsame Untersuchung beider Befragungen unverändert, wenn man statt der Unterstützung für Parteien, die die Corona-Politik der deutschen Entscheidungsträger grundsätzlich unterstützten, für die kritischen Akteure kontrolliert oder wenn man die Variable zur Akzeptanz von Selbstermächtigung inkludiert.

Auch wenn man die beiden Befragungen getrennt voneinander auswertet, bleiben die Ergebnisse insgesamt stabil. Lediglich der Koeffizient von Arbeitslosen bzw. Kurzarbeitern verliert bei Beschränkung auf die erste Befragung seine statistische Signifikanz – womöglich, weil der Arbeitsplatzverlust bzw. die Kurzarbeit zu diesem Zeitpunkt erst kurz zurücklag und zunächst als kurzfristig betrachtet wurde. Zudem verpasst die Variable Geschlecht bei der Untersuchung der Impfbereitschaft bei der ersten Befragung sehr knapp statistische Signifikanz ($p = 0,062$), dafür findet sich in dieser Untersuchung ein signifikanter Effekt hinsichtlich der Nutzung der Corona-Warn-App: Danach waren Männer eher als Frauen bereit, bereits zu einem frühen Zeitpunkt im Juli 2020 die App zu

nutzen. Auch die Signifikanz der Koeffizienten zu Beschäftigten und Arbeitslo-
sen/Kurzarbeitern bei der Untersuchung der Impfbereitschaft und der Corona-App
geht in der Analyse der ersten Befragung verloren. Zudem verlieren die Unterschiede zwischen Ost- und Westdeutschen bei der Verwendung der Corona-App
ihre Signifikanz bei der gesonderten Betrachtung der ersten Periode.

Insgesamt lässt sich demnach festhalten, dass Corona-Selbstermächtigung
durchgehend mit dem Alter abnimmt und mit Arbeitsmarktbeteiligung (sei es
in Beschäftigung oder als Arbeitslose oder Kurzarbeiter) zunimmt. Bildung
scheint – etwas überraschend – keine Rolle zu spielen, während das Geschlecht
in unterschiedlichen Bereichen mit abweichendem Verhalten einhergeht. Während
Männer unseren Daten zufolge eher bereit sind, sich impfen zu lassen als Frauen,
haben sich Frauen umgekehrt stärker als Männer an die Corona-Regeln gehalten.

4.3 Betroffenheit von der Pandemie und den Maßnahmen zu ihrer Bekämpfung

Die Bereitschaft, sich an die Corona-Einschränkungen zu halten, sollte auch
damit zu tun haben, wie stark die Befragten von der Pandemie und ihren wirtschaftlichen und gesellschaftlichen Folgen betroffen sind. Naheliegender Weise
sollten Menschen, die es für sehr wahrscheinlich halten, dass sie oder Angehörige *sich anstecken,* stärker die Corona-Maßnahmen in ihrer ganzen Breite
einhalten, als Menschen, die eine Ansteckung für wenig wahrscheinlich halten
(vgl. auch Erhardt et al. 2021; Jørgensen et al. 2021; Six et al. 2021 sowie
Vasilopoulos et al. 2022). Bei der Wahrscheinlichkeit, *entdeckt zu werden,* und
der Wahrnehmung, *wie gravierend eine mögliche Entdeckung* ist, geht es dagegen um Abschreckung (vgl. van Rooij et al. 2020: 7). Je wahrscheinlicher es
erscheint, bei der Übertretung einer Corona-Vorschrift erwischt zu werden, und
je schlimmer eine solche Entdeckung ist, desto eher sollten sich die Befragten an
die Regeln halten. Das sollte jedoch vor allem für die Frage nach der Einhaltung
der Corona-Regeln gelten, während das Herunterladen der Corona-Warn-App und
Impfungen nicht verpflichtend waren und das Demonstrationsrecht natürlich wei-
terbestand. Die Bereitschaft, sich an Regeln zu halten, sollte zudem ausgeprägter
sein, je eher diese *Regeln als gerechtfertigt* wahrgenommen werden – insbesondere, wenn damit in Grundrechte eingegriffen wird. Regeln werden vermutlich
vor allem dann als gerechtfertigt angesehen, wenn der oder die Befragte glaubt,
dass sie funktionieren und der Nutzen die Kosten überwiegt. Daher erwarten
wir, dass Befragte, die die Grundrechtseingriffe für gerechtfertigt halten, weniger zu Corona-Selbstermächtigung neigen. Schließlich könnten Menschen, deren

wirtschaftliche Situation sich durch die Krise verschlechtert hat, weniger bereit sein, sich den Regeln zu fügen, die sie womöglich für ihre wirtschaftlichen Schwierigkeiten (mit)verantwortlich machen (ähnlich Six et al. 2021: 6).

Wir beginnen mit dem Einfluss der wahrgenommenen Wahrscheinlichkeit, dass sich die Respondenten selbst oder ein Familienmitglied sich innerhalb der folgenden zwei Monate mit dem Corona-Virus infizieren (wobei Personen, die sich selbst oder deren Angehörige sich bereits infiziert hatten, den Maximalwert plus 1 zugewiesen bekamen). Hier zeigt sich, dass Menschen, die eher mit einer Infektion rechnen, wesentlich eher bereit sind, sich an die Corona-Einschränkungen zu halten als Menschen, die die Ansteckungswahrscheinlichkeit für gering halten. Substanziell ist der Unterschied moderat: Vergleichen wir zwei Personen, bei denen die Ausprägungen aller anderen Merkmale übereinstimmen, von denen jedoch eine es für überhaupt nicht wahrscheinlich hielt, dass sie sich oder ein Angehöriger sich anstecken könnte, während die andere eine Infektion innerhalb der nächsten zwei Monate für absolut wahrscheinlich hielt, sagt Modell 4 in Tab. 4.2 einen um 0,8 Skalenpunkte höheren Selbstermächtigungswert für die Person voraus, die eine Infektion für unwahrscheinlich hält – etwa der Unterschied zwischen der Möglichkeit, sich immer und meistens an die Einschränkungen gehalten zu haben. Etwas überraschenderweise zeigen sich bei der desaggregierten Betrachtung der einzelnen Bestandteile unseres Selbstermächtigungsindex für diese Variable erhebliche Unterschiede. Tatsächlich ist die Ansteckungswahrscheinlichkeit hochrelevant für die Impfbereitschaft und die Bereitschaft, die Corona-App zu verwenden, nicht jedoch für die allgemeine Einhaltung der Coronaregeln.

Dagegen hat die wahrgenommene Wahrscheinlichkeit, bei Verstößen gegen die Corona-Auflagen ertappt zu werden, keinen signifikanten Effekt auf Corona-Selbstermächtigung – zumindest auf der aggregierten Ebene. Betrachtet man allein die selbst berichtete Einhaltung der Corona-Einschränkungen, findet sich auch für diese Variable der erwartete negative Effekt: Personen, die es für wahrscheinlich halten, bei Übertretungen ertappt zu werden, halten sich demnach signifikant mehr an die Regeln. Allerdings ist dieser Effekt schwach ausgeprägt. Wenig überraschend spielt die Wahrscheinlichkeit, entdeckt zu werden, dagegen für die Impfbereitschaft und die Verwendung der Corona-App keine Rolle[3] – zu beidem waren die Bürgerinnen und Bürger nicht verpflichtet und entsprechend spielt das Entdecktwerden keine Rolle.

---

[3] Die wahrgenommene Wahrscheinlichkeit, erwischt zu werden, hat sogar einen signifikant negativen Effekt auf die Bereitschaft, die Corona-App zu installieren.

Tab. 4.2 Der Einfluss von Betroffenheit auf Corona-Selbstermächtigung

	(4) Beide Erhebungen	(5) Erhebung 1	(6) Erhebung 2
Wahrscheinlichkeit einer Ansteckung	−0,042*** (0,008)	−0,038** (0,011)	−0,048*** (0,013)
Wahrscheinlichkeit, bei Verstößen erwischt zu werden	0,003 (0,002)	0,001 (0,003)	0,006 (0,003)
Wie schlimm wäre es, erwischt zu werden	−,008*** (0,002)	−0,008** (0,002)	−0,010*** (0,003)
Wahrnehmung, Einschränkungen sind gerechtfertigt	−0,028*** (0,002)	−0,029*** (0,003)	−0,026*** (0,003)
Wirtschaftliche Situation (†)	Nicht verfügbar	Nicht verfügbar	*−0,002* *(0,004)*

*Anmerkung: Wiedergegeben sind die Regressionskoeffizienten der in diesem Abschnitt interessierenden Variablen. Die Modelle, auf denen die Koeffizienten basieren, inkludieren sämtliche im Text diskutierten Variablen. In Klammern Standardfehler. ** $p < 0{,}01$; *** $p < 0{,}001$. (†) Die Modelle werden stets, auch in diesem Abschnitt, ohne die Variable „Wirtschaftliche Situation" geschätzt. Daher stammt der Regressionskoeffizient für diese Variable aus einer anderen Schätzung als die anderen Koeffizienten.*

Anders sieht es bei der Frage aus, wie „schlimm" es für Befragte wäre, wenn sie bei einer Übertretung der Regeln entdeckt würden. Hier zeigt sich ein signifikant negativer Zusammenhang mit Corona-Selbstermächtigung, der substantiell in etwa der Größe des Effekts der wahrgenommenen Infektionsgefahr entspricht: Hält man wieder alle anderen Variablen konstant, ergibt sich auf der Basis von Modell 4 in Tab. 4.2 zwischen einer Person, für die eine Entdeckung überhaupt nicht schlimm wäre, und einer Person, für die dies extrem schlimm wäre, neuerlich eine Differenz von 0,8 Punkten auf unserer 15stufigen Skala. Bei der Betrachtung der einzelnen Elemente der Corona-Politik zeigt sich, dass diese Variable lediglich für die Impfbereitschaft nicht relevant ist.

Wesentlich abstrakter wurde beim nächsten Item gefragt, bei dem es nämlich darum geht, ob die Befragten die Grundrechtseinschränkungen zum Schutz vor der Pandemie eher als gerechtfertigt ansehen, oder ob das nicht der Fall ist. Erwartungsgemäß erhalten wir einen hochsignifikant negativen Koeffizienten. Das heißt, je stärker Menschen die Grundrechtseinschränkungen für gerechtfertigt hielten, desto eher waren sie bereit, sich an die verschiedenen Maßnahmen zu halten. Die Wahrnehmung, dass die Einschränkungen gerechtfertigt sind, hat auch substantiell einen erheblichen Effekt. Vergleichen wir wieder identische Personen, von denen aber eine die Maßnahmen überhaupt nicht für gerechtfertigt hält, während die andere sie für vollkommen gerechtfertigt hält, sagt Modell 4 in Tab. 4.2 eine Differenz von fast drei Skalenpunkten voraus – der Unterschied zwischen Personen, die sich „immer" und nur „manchmal" an die Einschränkungen gehalten haben. Auch bei desaggregierter Analyse der einzelnen Elemente der Corona-Maßnahmen bleibt dieser Effekt jeweils erhalten.

Bleiben die berichteten Resultate auch bei der Kontrolle für die Unterstützung anderer Parteien oder die Inkludierung der allgemeinen Bereitschaft, Gesetzen zu folgen, in der Gesamtbetrachtung ebenso unverändert wie bei einer Beschränkung auf die Daten aus der ersten Erhebung, ergeben sich für die zweite Erhebung Veränderungen für die wahrgenommene Wahrscheinlichkeit, von der Polizei oder dem Ordnungsamt bei Verstößen erwischt zu werden. Bei der aggregierten Betrachtung wird der Koeffizient nun signifikant positiv, wenn für die Frage kontrolliert wird, ob man sich immer an Gesetze halten sollte. Zudem verliert der Koeffizient für diese Variable bei Beschränkung auf die Einhaltung der Coronaregeln seine Signifikanz. Bei der Betrachtung der Nutzung der Corona-App allein für die zweite Befragung verliert zudem die Variable, die abbildet, wie schlimm eine Entdeckung für die Betroffenen wäre, ihre Signifikanz.

Besonders interessant ist die gesonderte Betrachtung der zweiten Erhebung in diesem Abschnitt aber vor allem, weil für diese Befragung zusätzlich eine Frage nach der Änderung der wirtschaftlichen Situation der Befragten durch die Pandemie und die Bemühungen um ihre Eindämmung genutzt werden kann. Während die anderen in diesem Abschnitt interessierenden Variablen substantiell unverändert bleiben, ergibt sich für die wirtschaftliche Situation der Befragten entgegen den Erwartungen kein signifikanter Effekt: Personen, deren wirtschaftliche Situation sich nach eigener Wahrnehmung durch die Pandemie verschlechtert hat, neigen nicht stärker zu Corona-Selbstermächtigung als andere. Immerhin findet sich bei der desaggregierten Analyse ein signifikanter Effekt für die Impfbereitschaft. Menschen, die wirtschaftliche Schäden durch Corona erlitten haben, wären demnach eher bereit, sich impfen zu lassen – womöglich, um auf diese Weise die Krisensituation schnell überwinden zu können.

Zusammenfassend lässt sich sagen, dass die wahrgenommene individuelle Betroffenheit durch die Pandemie – ob durch das Ansteckungsrisiko oder die veränderte eigene Wirtschaftslage – sich auf die Corona-Selbstermächtigung niedergeschlagen hat. Allerdings sind die Effekte beider Formen von Betroffenheit gerade bei der selbst berichteten Einhaltung der Corona-Regeln nicht signifikant. Für letztere sind dagegen die Wahrscheinlichkeit, entdeckt zu werden, sowie die Wahrnehmung einer möglichen Entdeckung als schlimm von größerer Bedeutung. Dabei gibt es empirische Hinweise dafür, dass die Höhe der Strafe eine Rolle spielte für die Wahrnehmung der Befragten, wie schlimm es ist, erwischt zu werden. Eine Korrelation zwischen der Mindesthöhe der Bußgelder für die Missachtung der Maskenpflicht in den Bundesländern und den durchschnittlichen Anteilen der Befragten in den jeweiligen Bundesländern, die es in unserer ersten Umfrage schlimm gefunden hätten, erwischt zu werden, ergibt jedenfalls einen mittelstarken Korrelationskoeffizienten von r = 0,457, der auf dem 10-Prozentniveau statistisch signifikant ist. Die substanziell wichtigste Variable dieses Abschnitts ist allerdings die Wahrnehmung, dass die Einschränkungen gerechtfertigt waren.

4.4   Vertrauen in Institutionen und Akteure

In der Literatur ist vielfach auf die große Bedeutung von *politischem Vertrauen* für die Regeleinhaltung hingewiesen worden (z. B. Marien und Hooghe 2011; Citrin und Stoker 2018); das gilt nicht zuletzt für die Bewertung und Einhaltung der Corona-Regeln, die in einer Vielzahl von Beiträgen mit politischem Vertrauen in Zusammenhang gebracht worden ist (als erster Überblick vgl. Devine et al. 2021; siehe zudem etwa Altiparmakis et al. 2021; Bargain und Aminjonov 2020; Charron et al. 2022; Jäckle et al. 2022; Jørgensen et al. 2021; Seyd und Bu 2022; Six et al. 2021; Vasilopoulos et al. 2022). Wir erwarten, dass Vertrauen in politische Institutionen, die Wissenschaft und die Medien, die Zufriedenheit mit der Demokratie sowie die Erwartung, dass Politiker versuchen, ihre Wahlversprechen zu halten, und Gerichte die Grundrechte wirksam schützen, auch einen positiven Einfluss auf die Bereitschaft haben, die Corona-Maßnahmen einzuhalten und umzusetzen. Bürgerinnen und Bürger, die beispielsweise Bundestag und Bundesregierung oder auch dem Landtag oder der Landesregierung ihres Bundeslandes vertrauen, sollten eher bereit sein, Rechtsakte, die von diesen Institutionen beschlossen werden, zu akzeptieren oder Empfehlungen dieser Institutionen umzusetzen, da sie davon ausgehen, dass diese Akteure grundsätzlich versuchen, möglichst gute Problemlösungen für das Gemeinwesen zu finden (so z. B. auch Charron et al. 2022: 7). Ähnliches gilt für politische Parteien als den Kernakteuren in politischen Willensbildungsprozessen. Auch die Frage danach, ob die Befragten glauben, Politiker versuchten, ihre Wahlversprechen umzusetzen, bildet eine Dimension des Vertrauens ab, nämlich in das Funktionieren der repräsentativen Demokratie. Schließlich lässt auch die Frage nach der Zufriedenheit mit dem konkreten Funktionieren der Demokratie in Deutschland auf das demokratische Vertrauen der Befragten schließen (Citrin und Stoker 2018: 51), denn wer zufrieden mit dem konkreten Funktionieren der Demokratie in Deutschland – nicht lediglich mit der Idee der Demokratie – ist, der wird vermutlich auch Vertrauen in die so funktionierende Demokratie haben.

Neben dem demokratischen könnte aber auch das *rechtsstaatliche Vertrauen* eine Rolle spielen. Diese Dimension bilden wir ab, indem wir nach dem Vertrauen in das Bundesverfassungsgericht fragen, aber auch, indem wir von den Befragten wissen wollen, ob sie darauf vertrauen, dass die Gerichte die Rechte der Bürgerinnen und Bürger gegenüber den weitreichenden Maßnahmen zur Eindämmung der Corona-Pandemie wirksam schützen. Wiederum erwarten wir, dass Menschen, die so gemessenes rechtsstaatliches Vertrauen besitzen, weniger zu Selbstermächtigung neigen, weil sie erwarten, dass möglicherweise zu weitreichenden Eingriffen in ihre Freiheitsrechte rechtsstaatliche Grenzen gesetzt werden.

Schließlich könnten noch *Vertrauen in Medien und die Wissenschaft* eine Rolle spielen. Gerade bei der Bekämpfung der Corona-Pandemie war die Politik in erheblichem Maße auf Erkenntnisse der Wissenschaft angewiesen. Für die Eindämmung der Pandemie und die Frage, welche Maßnahmen sinnvollerweise beschlossen werden sollten, war es zentral zu verstehen, wie sich das Virus überträgt, welche Abstände eingehalten werden sollten, ob und welche Masken Schutz versprechen oder welche Impfstoffe für welche Personengruppen geeignet sind. Deshalb ist zu erwarten, dass Menschen, die Vertrauen in die Wissenschaft haben, eher bereit waren, Maßnahmen zu akzeptieren, die (oftmals vorläufige) wissenschaftliche Ergebnisse politisch umsetzen sollten. Das sollte vor allem für die Impfbereitschaft gelten, da für die in kürzester Zeit entwickelten Vakzine natürlich noch keine langjährigen Erfahrungen vorlagen.

Ebenso wichtig könnte das Vertrauen in Medien sein. Je nachdem, welche Informationen Bürgerinnen und Bürger über die Pandemie erhalten, werden sie mehr oder weniger bereit sein, sich an die Corona-Regeln zu halten. Wer etwa Blogs oder Social-Media-Kanäle aus der Querdenker-Szene frequentiert, wird vermutlich anders über die Corona-Pandemie und die Notwendigkeit bestimmter Maßnahmen denken als Personen, die Qualitätstageszeitungen lesen. Im Folgenden fokussieren wir auf das Vertrauen in den öffentlich-rechtlichen Rundfunk als das reichweitenstärkste Medium, das vermutlich objektiv Informationen über die Pandemie verbreitet hat. Daher erwarten wir, dass Vertrauen in den öffentlich-rechtlichen Rundfunk mit höherer Corona-Compliance einhergehen sollte. Damit kontrastierend untersuchen wir den Einfluss eines Additivindex für soziale Medien, der das Vertrauen in Informationen aus Blogs, Youtube, Facebook und anderen Plattformen abbildet. Für diesen Indikator erwarten wir einen die Selbstermächtigung erhöhenden Effekt.

Die empirischen Ergebnisse aus Tab. 4.3 können die oben dargestellten theoretischen Überlegungen nur in begrenztem Umfang bestätigen. Entsprechend unserer Erwartungen finden wir, dass Personen, die der Wissenschaft und dem öffentlich-rechtlichen Rundfunk vertrauen, weniger zu selbstermächtigendem Verhalten neigen als andere. Substantiell bedeutet das einen Unterschied von knapp 0,6 (Wissenschaft) bzw. 0,8 (öffentlich-rechtlicher Rundfunk) Punkten auf unserer 15-Punkte-Skala. Der Koeffizient für das Vertrauen zu sozialen Medien, der ein positives Vorzeichen aufweist, also eine tendenziell selbstermächtigende Wirkung des Vertrauens zu Informationen aus Blogs, Youtube, Twitter etc. signalisiert, erreicht knapp keine statistische Signifikanz ($p = 0{,}069$).

Tab. 4.3 Der Einfluss von Vertrauen auf Corona-Selbstermächtigung

	(7) Beide Erhebungen	(8) Erhebung 1	(9) Erhebung 2
Vertrauen Landtag	0,042 (0,023)	0,017 (0,031)	0,073* (0,036)
Vertrauen Landesregierung	0,002 (0,022)	−0,007 (0,028)	0,019 (0,034)
Vertrauen Parteien	−0,027 (0,017)	−0,022 (0,023)	−0,032 (0,024)
Politiker versuchen, Versprechen zu halten	0,002 (0,014)	−0,003 (0,019)	0,001 (0,022)
Demokratiezufriedenheit	−0,004 (0,003)	−0,006 (0,004)	−0,004 (0,004)
Vertrauen Bundesverfassungsgericht	−0,003 (0,015)	−0,004 (0,020)	−0,008 (0,022)
Gerichte schützen wirksam	−0,019 (0,011)	−0,039* (0,016)	0,007 (0,017)
Vertrauen Wissenschaft	−0,031* (0,014)	−0,012 (0,020)	−0,056** (0,021)
Vertrauen öffentlich-rechtlicher Rundfunk	−0,039** (0,012)	−0,035* (0,015)	−0,043* (0,018)
Vertrauen soziale Medien	0,007 (0,004)	0,015** (0,005)	−0,003 (0,006)

*Anmerkung: Wiedergegeben sind die Regressionskoeffizienten der in diesem Abschnitt interessierenden Variablen. Die Modelle, auf denen die Koeffizienten basieren, inkludieren sämtliche im Text diskutierten Variablen. In Klammern Standardfehler. * $p < 0{,}05$; ** $p < 0{,}01$.*

Blickt man auf die einzelnen Elemente der Corona-Compliance, fällt auf, dass Vertrauen in die Wissenschaft – wenig überraschend – vor allem für die Impfbereitschaft bedeutsam ist. Das Vertrauen in den öffentlich-rechtlichen Rundfunk fördert sowohl die Bereitschaft, die Corona-App zu installieren, als auch die Impfbereitschaft. Interessanterweise geht also in beiden Fällen Vertrauen mit höherer Compliance in Bereichen einher, bei denen Freiwilligkeit herrscht, während weder das Vertrauen in den öffentlich-rechtlichen Rundfunk noch in die Wissenschaft einen Einfluss auf die Einhaltung der formalen Corona-Regeln hat. Anders sieht es mit dem Vertrauen in soziale Medien im weiteren Sinne aus. Für diese Variable erhält man einen signifikant positiven Koeffizienten, wenn man die Selbstermächtigung im Zusammenhang mit dem Einhalten der Corona-Einschränkungen untersucht. Das bedeutet, dass Menschen, die Informationen aus sozialen Medien vertrauen, sich systematisch weniger an die Corona-Regeln gehalten haben als Personen, die wenig Vertrauen in die neuen Medien haben.

Ein Blick auf die Unterschiede zwischen den beiden Befragungen zeigt, dass die Rolle von Vertrauen in die Wissenschaft im Zeitverlauf zugenommen hat: Tab. 4.3 zeigt, dass im Sommer 2020 das Vertrauen in die Wissenschaft noch nicht signifikant mit der Selbstermächtigung im Bereich Corona zusammenhing – was vermutlich daran liegt, dass in der ersten Befragung auch der Zusammenhang zwischen Vertrauen in die Wissenschaft und der Impfbereitschaft noch nicht signifikant war. Im folgenden Winter, womöglich im Zuge der Diskussion um bald einzuführende Impfstoffe, werden beide Koeffizienten dann jedoch signifikant. Auch das Vertrauen in den öffentlich-rechtlichen Rundfunk hängt in der ersten Befragung noch nicht signifikant mit der Verwendung der Corona-App zusammen. Dagegen ist in der ersten Befragung der Koeffizient für das Vertrauen in soziale Medien signifikant positiv. Dafür schwächt sich der negative Effekt des Vertrauens in soziale Medien auf die Einhaltung der Corona-Regeln in der zweiten Umfrage ab, sodass der Koeffizient seine statistische Signifikanz einbüßt. Gleichzeitig geht mit Vertrauen in soziale Medien in der zweiten Befragung sogar eine zunehmende Bereitschaft zur Nutzung der Corona-App einher.

Dagegen bleiben alle Variablen, die demokratisches oder rechtsstaatliches Vertrauen der Befragten abbilden sollten, weit von statistischer Signifikanz entfernt, zum Teil gehen nicht einmal die Vorzeichen in die erwartete Richtung. Das gilt im Wesentlichen auch, wenn man die einzelnen Befragungen getrennt auswertet. Der signifikant positive Koeffizient für das Vertrauen in den Landtag, der sich für die Auswertung der zweiten Befragung ergibt, geht nicht nur in die den Erwartungen entgegengesetzte Richtung, sondern die Signifikanz verschwindet auch, wenn man für die Akzeptanz von Selbstermächtigung kontrolliert. Somit bleibt nur ein erwartungstreuer Koeffizient: Personen, die glauben, man könne darauf vertrauen, dass die Gerichte auch unter Pandemiebedingungen die Grundrechte wirksam schützen, neigten in der ersten Befragung signifikant weniger zu Corona-Selbstermächtigung.

Auch wenn man die einzelnen Items der Corona-Compliance getrennt untersucht, findet man wenig Unterstützung für die Bedeutung von demokratischem oder rechtsstaatlichem Vertrauen. Immerhin zeigt sich sowohl in der Betrachtung beider Befragungen als auch bei getrennter Untersuchung der zweiten Umfrage, dass Demokratiezufriedenheit signifikant mit Einhaltung der Corona-Regeln einhergeht: Je zufriedener Personen demnach mit dem Funktionieren der Demokratie in Deutschland sind, desto eher waren sie bereit, sich an die Corona-Einschränkungen zu halten. Zudem hing in allen Befragungen das Vertrauen in politische Parteien positiv mit der Impfbereitschaft zusammen und das Vertrauen in die Gerichte erhöhte in der ersten Befragung die Bereitschaft, die Corona-Warn-App zu installieren.

Ein wichtiger Grund für die wenig signifikanten Ergebnisse der Variablen zum demokratischen und rechtsstaatlichen Vertrauen dürfte allerdings nicht im tatsächlichen Fehlen substanzieller Zusammenhänge zu suchen sein, sondern in der hohen Korrelation der einzelnen Variablen, die Vertrauen messen sollen, untereinander sowie mit den Variablen zur Wahrnehmung der staatlichen Problemlösungsfähigkeit. Die Variablen zum demokratischen Vertrauen (Demokratiezufriedenheit, Vertrauen in Bundestag, Bundesregierung, Landtag, Landesregierung, Erwartung, dass Politiker Wahlversprechen umsetzen) sind untereinander extrem hoch korreliert.[4] Die Korrelation zwischen den beiden Variablen für rechtsstaatliches Vertrauen (Vertrauen ins Bundesverfassungsgericht und den wirksamen Grundrechtsschutz durch Gerichte) ist ebenfalls hoch (r = 0,627). Schließlich sind auch die Variablen für demokratisches und rechtsstaatliches Vertrauen hoch korreliert (in der Spitze r = 0,806 zwischen Bundestag und Bundesverfassungsgericht) und sogar die Vertrauensvariablen und die Variablen zur Messung der Problemlösungsfähigkeit des politischen Systems hängen (mit Ausnahme des Klimaschutzes) eng miteinander zusammen.

Wenn unabhängige Variablen hoch miteinander korrelieren, führt das zum Problem der Multikollinearität, die wiederum zu einer verzerrten Schätzung sowohl der Koeffizienten als auch der Standardfehler führt. Dies kann ggf. dazu führen, dass die betroffenen Koeffizienten nicht signifikant werden. Deshalb hatten

---

[4] Der niedrigste Korrelationskoeffizient zwischen zwei Variablen zum demokratischen Vertrauen ist r = 0,616 (Demokratiezufriedenheit – Wahlversprechen), der höchste liegt bei r = 0,940 (Bundestag – Bundesregierung) und r = 0,926 (Landtag – Landesregierung).

wir ja von vornherein die Variablen zum Vertrauen in Bundestag und Bundesregierung aus der Regression ausgeschlossen, weil der Varianzinflationsfaktor für diese Variablen Werte von über 10 ausgewiesen hatte. Aber die sehr hohen, in 20 Fällen die Grenze von r = 0,7 überschreitenden Korrelationen weisen darauf hin, dass Multikollinearität auch für die Variablen zur Erfassung demokratischen und rechtsstaatlichen Vertrauens ein Problem darstellt.[5]

Daher haben wir in einem weiteren Schritt Regressionen geschätzt, in denen sämtliche Variablen aufgenommen wurden außer denjenigen, die Vertrauen und wahrgenommene Problemlösungsfähigkeit messen. Anschließend wurde jeweils eine einzelne Vertrauensvariable in die Regression aufgenommen. Es zeigt sich, dass wir für alle Variablen mit Ausnahme des Vertrauens in den Landtag und in das Halten der Wahlversprechen signifikante Koeffizienten mit dem erwarteten Vorzeichen finden. Zudem haben wir aus den Variablen zu rechtsstaatlichem Vertrauen und aus den zentralen Variablen zu demokratischem Vertrauen (Vertrauen in Bundestag, Bundesregierung, Parteien, Landesregierung, Demokratiezufriedenheit) einen additiven Index gebildet und, da auch diese Indizes noch hoch miteinander korrelieren (r = 0,791), getrennt voneinander in die Regression inkludiert. In beiden Fällen finden wir signifikante Zusammenhänge in die erwartete Richtung. Menschen mit ausgeprägtem demokratischen Vertrauen zum Beispiel weisen rechnerisch unter sonst gleichen Bedingungen einen um knapp einen Punkt niedrigeren Corona-Selbstermächtigungswert auf als Personen mit sehr geringem demokratischen Vertrauen. Für rechtsstaatliches Vertrauen liegt der Unterschied bei gut 0,6 Punkten.

In einem weiteren Schritt haben wir zusätzlich einen Indikator in die Regression eingefügt, der additiv die Zufriedenheit mit der Problemlösungsfähigkeit über alle sechs abgefragten Politikbereiche abbildet. Wiederum wurde jeweils nur eine Vertrauensvariable hinzugefügt. In diesen Regressionen finden wir, dass mit zunehmender Demokratiezufriedenheit und zunehmendem Vertrauen in den Bundestag die Selbstermächtigung in Bezug auf die Corona-Maßnahmen abnahm, das Gleiche gilt für den Index demokratischen Vertrauens. Ebenso führt Vertrauen ins Bundesverfassungsgericht und in die Bereitschaft der Gerichte, Grundrechte auch in Corona-Zeiten zu schützen, einzeln sowie in Form des Additivindexes zu höherer Akzeptanz der Corona-Maßnahmen.

Die Ergebnisse für demokratisches und rechtsstaatliches Vertrauen bleiben auch bei getrennter Analyse der einzelnen Befragungen im Wesentlichen identisch.

---

[5] Die übrigen in diesem Kapitel berichteten Ergebnisse sind nicht betroffen, sie bleiben auch bei Verzicht auf die Variablen zu Vertrauen und Problemlösungsfähigkeit unverändert.

Insbesondere, wenn nicht für die Wahrnehmung der politischen Problemlösungs-fähigkeit kontrolliert wird, bleiben die Koeffizienten für Demokratiezufriedenheit, Vertrauen in Bundestag und Bundesverfassungsgericht sowie in Gerichte sowie die beiden Additivindizes signifikant negativ (Ausnahme: Gerichte in der zweiten Umfrage und Index rechtsstaatlichen Vertrauens). Inkludiert man zudem die Problemlösungswahrnehmung, bleiben die berichteten Effekte zumindest für die erste Befragung bestehen.

Betrachtet man schließlich die einzelnen Elemente unseres Selbstermächtigungsindex getrennt, zeigt sich ein signifikant negativer Effekt auf Verletzungen der Corona-Regeln für die Zufriedenheit mit der Demokratie, aber nicht für die anderen Variablen. Wesentlich erfolgreicher sind sämtlich Variablen dagegen, wenn es um die Verwendung der Corona-Warn-App und die Impfbereitschaft geht. Allerdings ist dabei auffallend, dass die Ergebnisse für die zweite Befragung weniger klar ausfallen.

Eine mögliche Erklärung für die überraschend uneinheitlichen Befunde für die Vertrauensvariablen könnte darin liegen, dass Vertrauen nicht unter allen Bedingungen relevant für Selbstermächtigung sein muss. So ist verschiedentlich argumentiert worden, dass politisches Vertrauen nur dann die Regeleinhaltung beeinflusst, wenn Befragte keine große Angst haben (vgl. Seyd und Bu 2022 sowie Vasilopoulos et al. 2022): Wenn eine Person erhebliche Angst vor einer möglichen Ansteckung hat, wird sie sich an die Regeln halten – ganz gleich, ob sie politischen Entscheidungsträgern vertraut oder nicht. Erst wenn die Angst schwindet, also subjektiv weniger Anreize für normbasiertes Verhalten besteht, wird Vertrauen wichtig. Personen, die sich nicht vor einer Ansteckung fürchten, aber politisches Vertrauen aufweisen, sollten dann nämlich weiterhin nicht zu Selbstermächtigung neigen, während Menschen, die keine Angst vor Ansteckung haben und wenig politisches Vertrauen berichten, sich eher selbstermächtigen sollten.

Mit Hilfe von Abb. 4.1 lässt sich diese Erwartung empirisch prüfen. Die Abbildung basiert auf der Regression für beide Zeiträume, die diesem Kapitel zugrunde liegt; allerdings wurden sämtliche Variablen, die politisches Vertrauen messen sollen, durch die Variable Demokratievertrauen ersetzt; die Problemlösungsvariablen sind einzeln inkludiert. Was die Abbildung zeigt, ist der marginale Effekt von Demokratievertrauen auf Selbstermächtigung bei unterschiedlicher Ausprägung der Angst vor einer Ansteckung. Die durchgezogene Linie weist den geschätzten Effekt aus, die gestrichelten Linien geben das 95-%-Konfidenzintervall an. Die Abbildung zeigt, dass der Effekt von Demokratievertrauen auf Corona-Selbstermächtigung bei Menschen, die es für sehr unwahrscheinlich halten, sich anzustecken, signifikant negativ ist – die Konfidenzintervalle beinhalten nicht die

Nulllinie. Das bedeutet, dass für Menschen mit geringer Sorge vor einer Ansteckung das Demokratievertrauen eine signifikante Rolle dafür spielt, ob sie sich selbstermächtigen oder nicht. Ab einer mittleren wahrgenommenen Wahrscheinlichkeit einer Ansteckung allerdings beinhaltet das Konfidenzintervall auch die Nulllinie, der Effekt wird also insignifikant. Das bedeutet, dass für Menschen mit mittlerer oder gar hoher wahrgenommener Wahrscheinlichkeit einer Ansteckung Demokratievertrauen keine Rolle mehr spielt.

Zusammenfassend lässt sich somit argumentieren, dass die verschiedenen Aspekte von politischem Vertrauen eine wichtige Rolle für das Verständnis von gesellschaftlicher Selbstermächtigung im Bereich der Corona-Maßnahmen spielen. Demokratisches Vertrauen und insbesondere die Zufriedenheit mit dem konkreten Funktionieren der Demokratie in Deutschland haben einen deutlich dämpfenden Effekt auf alle Aspekte von Selbstermächtigung. Das gilt vor allem für Menschen, die keine große Sorge vor einer Ansteckung mit dem Virus hatten. Ähnliches gilt für rechtsstaatliches Vertrauen, das allerdings vor allem auf die

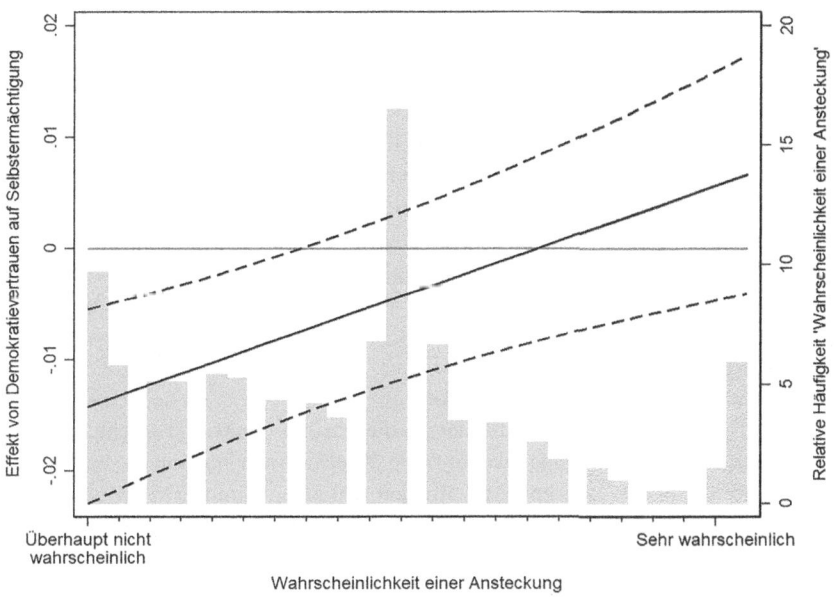

Abb. 4.1 Der Effekt von Demokratievertrauen auf Corona-Selbstermächtigung für unterschiedliche Niveaus von Angst vor Ansteckung. (Quelle: eigene Darstellung. Fabian Engler ist für die Erstellung der Abbildung zu danken)

freiwilligen Elemente der Corona-Maßnahmen, nämlich Verwendung der Corona-App und Impfbereitschaft, wirkt, nicht jedoch auf die eigentliche Einhaltung der Corona-Einschränkungen. In diesen beiden Bereichen wirkt zudem auch das Vertrauen in den öffentlich-rechtlichen Rundfunk der Selbstermächtigung besonders deutlich entgegen. Das Gleiche gilt insbesondere bei der Betrachtung der Impfbereitschaft für das Vertrauen in die Wissenschaft. Dagegen scheinen sich Menschen, die Vertrauen in soziale Medien setzen, besonders wenig an die Corona-Regeln gehalten zu haben.

4.5   Selbstwirksamkeit

Als nächstes wenden wir uns dem Einfluss wahrgenommener Selbstwirksamkeit auf die Corona-Selbstermächtigung zu. Unter Selbstwirksamkeit fassen wir hier einige Indikatoren zusammen, die einerseits erfassen sollen, ob sich die befragte Person in der Lage sieht, *politische Zusammenhänge zu verstehen* („guter Einblick in die wichtigen politischen Probleme"), und ob sie über ein Mindestmaß an *politischem Wissen* verfügt (Bedeutung der Erst- und Zweitstimme bei Bundestagswahlen). Wir nehmen an, dass Personen, die sich subjektiv gut in der Politik auskennen oder ein gewisses Maß an Kenntnissen über das politische System haben, weniger zu Selbstermächtigung in Bezug auf die Corona-Maßnahmen neigen, weil sie die Zusammenhänge zwischen dem Problem der Pandemie und den darauf reagierenden Maßnahmen besser verstehen.[6] Aus diesem Grund erwarten wir auch, dass Personen, die sich für *Politik interessieren,* die Maßnahmen zur Eindämmung des Virus eher akzeptieren als politisch Uninteressierte. Andererseits nehmen wir an, dass Personen, die glauben, *keinen Einfluss auf politische Entscheidungen* ausüben zu können, eher zu Corona-Selbstermächtigung neigen könnten. Gerade weil sie nicht annehmen, ihre Interessen über den politischen Prozess einbringen zu können, könnten sie versucht sein, ihren Protest durch Nicht-Beachten der Regeln auszudrücken.

Empirisch finden wir für keine der in diesem Abschnitt untersuchten Variablen unmittelbare Bestätigung, wobei viele Koeffizienten nur knapp statistische Signifikanz verfehlen. Das gilt etwa für den negativen Einfluss von politischem Interesse auf Corona-Selbstermächtigung (p = 0,052). Kontrolliert man allerdings

---

[6] Allerdings ist in der Literatur auch die gegenteilige Hypothese vorgebracht, allerdings empirisch nicht bestätigt worden: Demnach wären Menschen, die meinen, sich gut mit politischen Themen auszukennen, kritischer hinsichtlich der Maßnahmen zur Bekämpfung der Pandemie und entsprechend weniger bereit, sich an die Einschränkungen zu halten (Kestilä-Kekkonen et al. 2022).

zusätzlich für die Akzeptanz von Selbstermächtigung, überspringt der Koeffizient die Signifikanzschwelle. Das bedeutet, dass Menschen, die angeben, sich stärker für Politik zu interessieren, eher die Corona-Maßnahmen befolgten. Allerdings ist dieser Effekt relativ schwach. Legt man die Koeffizienten aus Modell 10 in Tab. 4.4 zugrunde, macht der Unterschied zwischen einem überhaupt nicht und einem extrem stark an Politik interessierten Menschen mit ansonsten gleichen Charakteristika nicht einmal einen halben Punkt auf unserer 15-Punkte-Skala der Selbstermächtigung aus. Zudem findet sich der Effekt politischen Interesses nicht mehr, wenn man lediglich die Einhaltung der Corona-Regeln untersucht. Dagegen ist politisches Interesse mit einer höheren Wahrscheinlichkeit verbunden, die Corona-App zu installieren und sich impfen zu lassen.

Personen, die glauben, keinen Einfluss darauf nehmen zu können, was die Regierung tut, haben dagegen gar keine signifikant höhere Neigung zu Selbstermächtigung als andere Befragte. Zwar weist der Koeffizient das erwartet positive Vorzeichen auf, doch verfehlt er (wiederum relativ knapp) die üblichen Signifikanzniveaus (p = 0,094). Daran ändert auch die Einbeziehung der Frage danach, ob man sich ohne Ausnahme an Gesetze halten muss, nichts.Die gesonderte Analyse zur Verwendung der Corona-App zeigt allerdings, dass Menschen, die glauben, keinen Einfluss auf das Handeln der Regierung zu haben, die App eher nicht verwenden.

Auch die Wahrnehmung, selbst einen guten Einblick in die wichtigsten Probleme in Deutschland zu haben, sowie das „objektive" politische Wissen,

Tab. 4.4 Der Einfluss von Selbstwirksamkeit auf Corona-Selbstermächtigung

	(10) Beide Erhebungen	(11) Erhebung 1	(12) Erhebung 2
Politisches Interesse	−0,004 (0,002)	−0,006* (0,003)	−0,002 (0,003)
Kein Einfluss auf Regierung	0,013 (0,008)	0,015 (0,011)	0,009 (0,012)
Einblick in politische Probleme	0,007 (0,012)	0,016 (0,016)	−0,002 (0,018)
Politisches Wissen	−0,116 (0,095)	−0,187 (0,129)	−0,036 (0,142)

*Anmerkung: Wiedergegeben sind die Regressionskoeffizienten der in diesem Abschnitt interessierenden Variablen. Die Modelle, auf denen die Koeffizienten basieren, inkludieren sämtliche im Text diskutierten Variablen. In Klammern Standardfehler. * p < 0,05;.*

gemessen über eine Frage zur Bedeutung der Erst- und Zweitstimme bei Bundestagswahlen, verfehlen statistische Signifikanz, können also Unterschiede in der
Neigung zu Corona-Selbstermächtigung nicht erklären – und zwar unabhängig
davon, ob für die Neigung zu allgemeiner Regeleinhaltung kontrolliert wird oder
nicht.

Untersucht man die beiden Erhebungen getrennt, wird das politische Interesse
in der ersten Befragung auch ohne Kontrolle für die Akzeptanz von Selbstermächtigung signifikant. Dafür verpasst die Variable knapp (p = 0,060) statistische
Signifikanz für die Nutzung der Corona-App. Ebenso finden wir für Menschen,
die nicht glauben, Einfluss auf Regierungsentscheidungen zu haben, bei getrennter Betrachtung der Erhebungen keinen signifikanten Effekt für die Nutzung der
Corona-App, sie halten sich jedoch in der ersten Erhebung signifikant weniger
an die Corona-Einschränkungen, wenn auch für die Vorstellung kontrolliert wird,
man müsse sich immer an die Gesetze halten. Dafür hat politisches Wissen in
der ersten Befragung einen positiven Effekt auf die Nutzung der App. Bei einer
Analyse nur der Daten der zweiten Erhebung geht schließlich die Signifikanz
der Variable politisches Interesse sowohl bei aggregierter Betrachtung als auch
bei der Impfbereitschaft verloren, während sie gleichzeitig aber signifikant mit
höhere Einhaltung der Corona-Regeln einhergeht.

Zusammenfassend lässt sich sagen, dass Selbstwirksamkeit und politisches Wissen nur begrenztes Erklärungspotenzial für Corona-Selbstermächtigung
haben. Mit einiger Vorsicht lässt sich sagen, dass Menschen, die politisch interessiert sind, weniger zu Selbstermächtigung im Bereich Corona neigen. Daneben
finden sich noch vereinzelte Hinweise darauf, dass Menschen, die eine geringe
politische Selbstwirksamkeit aufweisen, die also nicht glauben, Einfluss auf
Regierungsentscheidungen nehmen zu können, eher zu Selbstermächtigung in
Bezug auf Corona-Maßnahmen neigen – allerdings ist dies unseren Daten zufolge
keineswegs ein durchgängiges Muster.

4.6   Problemlösungsfähigkeit des politischen Systems

Politische Systeme haben die zentrale Aufgabe, kollektive Probleme zu lösen.
Daher ist zu erwarten, dass die Wahrnehmung der Bürgerinnen und Bürger, ob
ihr politisches System diese Leistung erbringt, von zentraler Bedeutung für die
Bereitschaft ist, sich den Regeln dieses Systems zu unterwerfen. Wenn Menschen
zu der Auffassung gelangen, dass die Regierung zentrale Probleme nicht oder
nicht in ihrem Sinne löst, könnte sie dies dazu verleiten, die Regeln nicht mehr

als für sie verbindlich zu betrachten (Anderson 2022: 6) – sie könnten sich selbst ermächtigen.

Wir möchten diese Möglichkeit überprüfen, indem wir die Zufriedenheit der Befragten mit den Leistungen der Bundesregierung in verschiedenen zentralen Bereichen mit der Neigung zu Corona-Selbstermächtigung in Zusammenhang setzen. Als zentrale Politikfelder haben wir einerseits die Krisen identifiziert, die die Wählerinnen und Wähler in den letzten Wahlperioden stark beschäftigt haben: Eurokrise, Flüchtlingskrise sowie die Corona-Krise selbst. Andererseits haben wir zentrale weitere Politikfelder, die in den vergangenen Jahren eine Rolle gespielt haben, aufgenommen, nämlich die Klimapolitik, die Rente sowie der Umgang mit Bedrohungen für Deutschlands Sicherheit.

Empirisch zeigt sich ein sehr differenziertes Bild: Tatsächlich ist nicht die Zufriedenheit mit der Problemlösung in allen Politikfeldern gleichermaßen relevant für die Bereitschaft zur Corona-Selbstermächtigung. Vielmehr ist es – wenig überraschend – die Zufriedenheit mit der Bewältigung der Corona-Pandemie, die eine besondere Rolle spielt. Je unzufriedener eine Person mit der Corona-Politik ist, desto weniger ist sie bereit, die von den Regierungen vorgesehenen Maßnahmen mitzutragen. Eine mit der Corona-Politik sehr zufriedene Person würde demnach im Vergleich zu einem sehr unzufriedenen Menschen unter sonst gleichen Bedingungen einen um knapp einen Punkt niedrigeren Wert auf unserer Corona-Selbstermächtigungsskala aufweisen. In die andere Richtung weist der Koeffizient für die Zufriedenheit mit dem Umgang mit den Bedrohungen für Deutschlands Sicherheit. Je zufriedener Menschen mit dieser Politik sind, desto eher sind sie bereit, sich in Corona-Fragen selbst zu ermächtigen – ein Ergebnis, das sich nicht unmittelbar plausibel erklären lässt.

Aufgrund der oben im Zusammenhang mit der Analyse von demokratischem und rechtsstaatlichem Vertrauen diskutierten hohen Korrelation der Variablen zu Vertrauen und Problemlösung und dem daraus folgenden Problem der Multikollinearität wurde eine weitere Regression unter Ausschluss der Vertrauensvariablen geschätzt.[7] Die Ergebnisse für die in diesem Abschnitt interessierenden Variablen bleiben dabei weitgehend unverändert, allerdings mit einer wichtigen Ausnahme: Nun ergibt sich, dass auch Personen, die unzufrieden mit der Eurorettungspolitik sind, zu Corona-Selbstermächtigung neigen. Die Zufriedenheit mit der Renten- , der Klima- und der Flüchtlingspolitik haben dagegen keinen nennenswerten Einfluss auf die Corona-Compliance.

---

[7] Die Variablen, die die Zufriedenheit mit der Problemlösungsfähigkeit in verschiedenen Politikfeldern abbilden, sind zwar ebenfalls relativ hoch untereinander korreliert, da aber keine Korrelation über r = 0,7 liegt, können sie alle eingeschlossen bleiben.

Bei einer Betrachtung der einzelnen Elemente der Corona-Maßnahmen zeigt sich erneut die große Bedeutung der Zufriedenheit mit der Corona-Politik: Sowohl für die Impfbereitschaft als auch für die Bereitschaft zur Verwendung der Corona-App (aber nicht für die Regeleinhaltung) finden sich signifikant negative Koeffizienten, die nahelegen, dass die Neigung zu Corona-Selbstermächtigung mit zunehmender Zufriedenheit mit der Corona-Politik abnimmt. Für die Zufriedenheit mit dem Umgang mit Sicherheitsbedrohungen findet sich lediglich ein positiver Effekt für die Impfbereitschaft. Verzichtet man auf die Inkludierung der Vertrauensvariablen ergibt sich zudem, dass Zufriedenheit mit der Eurokrisenpolitik mit erhöhter Impfbereitschaft einhergeht.

Über Zeit finden sich wenige Veränderungen, wie der Vergleich zwischen den Modellen 14 und 15 in Tab. 4.5 zeigt. Der relevanteste Faktor ist in beiden Umfragen die Zufriedenheit mit der Corona-Politik, während sich der – ohnehin unerwartete – positive Effekt bei der Frage zu den Bedrohungen Deutschlands als nicht vollständig robust erweist, verliert er doch seine Signifikanz bei der gesonderten Untersuchung beider Umfragen. Umgekehrt findet sich der negative Effekt der Zufriedenheit mit der Eurorettungspolitik lediglich bei der gesonderten Untersuchung der ersten Befragung wieder, und nur, wenn die Vertrauensvariablen ausgeschlossen werden und man zusätzlich für die Einschätzung kontrolliert, dass man sich immer an Gesetze halten muss (Akzeptanz von Selbstermächtigung). Für die getrennte Untersuchung der einzelnen Elemente der Corona-Maßnahmen bei den unterschiedlichen Umfragen zeigt sich, dass in der ersten Befragung auch die Zufriedenheit mit der Corona-Politik nicht signifikant mit der Verwendung der App zusammenhängt.

Demnach lässt sich aus den Befunden dieses Abschnitts folgern, dass die Zufriedenheit mit der Corona-Politik ein wichtiger Faktor für die Einhaltung der meisten Aspekte der Corona-Politik ist. Das ist sicherlich nicht völlig überraschend, aber doch interessant. Demnach ist die Regeleinhaltung zumindest der Tendenz nach gerade bei denjenigen geringer, die mit den Regeln nicht einverstanden sind. Der Befund, dass Menschen, die mit dem Umgang mit Bedrohungen für Deutschlands Sicherheit unzufrieden (zufrieden) sind, sich eher (weniger) an die Corona-Regeln halten, ist dagegen unerwartet und bedarf weiterer Überprüfung. Tatsächlich scheint dieser Zusammenhang vor allem für die Impfbereitschaft zu bestehen. Schließlich gibt es einzelne Hinweise darauf, dass die Unzufriedenheit mit der Eurorettungspolitik die Corona-Selbstermächtigung befeuert haben könnte.

Tab. 4.5 Der Einfluss der Wahrnehmung über die Problemlösungsfähigkeit des politischen Systems auf Corona-Selbstermächtigung

	(13) Beide Erhebungen	(14) Erhebung 1	(15) Erhebung 2
Flüchtlingspolitik	0,016 (0,011)	0,010 (0,015)	0,030 (0,018)
Soziale Sicherung Älterer	−0,010 (0,012)	−0,003 (0,016)	−0,015 (0,019)
Bedrohungen für Deutschlands Sicherheit	0,032** (0,012)	0,032 (0,017)	0,031 (0,019)
Corona-Pandemie	−0,047*** (0,013)	−0,040* (0,018)	−0,055** (0,019)
Klimawandel	−0,001 (0,012)	0,008 (0,016)	−0,015 (0,018)
Eurokrise	−0,016 (0,013)	−0,009 (0,018)	−0,020 (0,020)

Anmerkung: Wiedergegeben sind die Regressionskoeffizienten der in diesem Abschnitt interessierenden Variablen. Die Modelle, auf denen die Koeffizienten basieren, inkludieren sämtliche im Text diskutierten Variablen. In Klammern Standardfehler. *p<0,05 ** p < 0,01; *** p < 0,001.

4.7 Parteipräferenzen

In einem weiteren Schritt untersuchen wir, inwiefern Parteipräferenzen einen Einfluss auf Corona-Selbstermächtigung haben. Hier ist zu erwarten, dass Menschen, die den Parteien nahestehen, die zum Zeitpunkt der Befragungen die Bundesregierung stellten (*CDU/CSU und SPD*), weniger zu selbstermächtigendem Verhalten neigen, da es ja gerade die ihnen nahestehenden Parteien waren, die die Corona-Maßnahmen mit auf den Weg brachten (vgl. auch Altiparmakis et al. 2021: 1166; Anderson 2022: 6; Charron et al. 2022). Gleiches sollte für die Anhängerinnen und Anhänger von *Bündnis 90/Die Grünen* gelten. Zum einen war die Zustimmung der Grünen im Bundesrat für die Verabschiedung der (wenigen) einschlägigen Bundesgesetze (etwa die diversen Bevölkerungsschutzgesetze) notwendig, sodass Wähler und Wählerinnen dieser Partei davon ausgegangen sein könnten, dass sich auch die Vorstellungen „ihrer" Partei in hinreichendem Maße in den Gesetzen niedergeschlagen haben. Zum anderen ist aber die große Rolle der föderalen Politikverflechtung und insbesondere der

Ministerpräsidentenkonferenz zu berücksichtigen (dazu etwa Behnke 2020; Person et al. i. E.). Die Tatsache, dass fast alle wichtigen Entscheidungen zur Bekämpfung der Pandemie von den jeweiligen Landesregierungen mitgetragen werden mussten und die Grünen in der Mehrzahl der Landesregierungen vertreten waren, dürfte für Anhängerinnen und Anhänger der Grünen ein weiteres Signal gewesen sein, die Regelungen zu akzeptieren. In etwas abgeschwächter Form gilt dieses Argument auch für die *FDP* und die *Linke,* die im Beobachtungszeitraum jeweils an drei Landesregierungen beteiligt waren (FDP in Nordrhein-Westfalen, Rheinland-Pfalz und Schleswig–Holstein, die Linke in Berlin, Bremen sowie – als führende Partei – in Thüringen). Da aber die zuletzt genannten Parteien mutmaßlich deutlich weniger Einfluss auf die Corona-Politik nehmen konnten, und insbesondere die FDP durchaus kritische Positionen einnahm (s. auch Kap. 6), sollten auch die Anhängerinnen und Anhänger dieser Parteien weniger eindeutig die Corona-Maßnahmen unterstützen.

Auf der anderen Seite positionierte sich die *AfD* mit zunehmendem Verlauf der Pandemie immer stärker als Kritikerin der Corona-Politik der Bundesregierung sowie der Bundesländer. Gleichzeitig war sie weder an der Bundes- noch an einer Landesregierung beteiligt. Diese Ablehnung der Corona-Maßnahmen könnte die Wählerinnen und Wähler der AfD zu dem Schluss ermutigt haben, sich in Bezug auf Corona selbst zu ermächtigen und sich nicht an die Regeln zu halten. Ähnliches ließe sich für Anhängerinnen und Anhänger von Parteien annehmen, die nicht im Bundestag (und üblicherweise in einem Landtag) vertreten sind und die deshalb keinen Einfluss auf die Corona-Politik hatten. Schließlich könnten auch Nichtwählerinnen und Nichtwähler sich in der deutschen Corona-Politik nicht repräsentiert gesehen haben, was ebenfalls mit einer höheren Neigung zu Selbstermächtigung einhergegangen sein könnte.

Wie weiter oben bereits erläutert, können aus methodischen Gründen nicht alle Parteien gleichzeitig in die Regressionen aufgenommen werden. Daher wurden zwei – ansonsten identische – Modelle gerechnet, bei denen einmal lediglich die Parteien aufgenommen wurden, deren Unterstützung theoretisch mit der Akzeptanz der Corona-Maßnahmen einhergehen sollte, während im zweiten Modell die Präferenzen für die AfD, andere Parteien und Nichtwahl berücksichtigt wurden.

Diese theoretischen Erwartungen bewähren sich empirisch insgesamt gut (Tab. 4.6). Wir beginnen mit der Diskussion der etablierten und in die Formulierung der Corona-Politik eingebundenen Parteien. Die Unterstützung dieser Parteien geht mit einer signifikant niedrigeren Bereitschaft zu selbstermächtigendem Verhalten in der Corona-Pandemie einher. Einzige Ausnahme hier ist die FDP, für deren Anhänger der Koeffizient nicht signifikant ist – was aber durchaus zur

Tab. 4.6 Der Einfluss von Parteipräferenzen auf Corona-Selbstermächtigung

	(16) Beide Erhebungen	(17) Erhebung 1	(18) Erhebung 2
CDU/CSU	−0,471** (0,135)	−0,536** (0,181)	−0,316 (0,208)
SPD	−0,356* (0,164)	−0,404 (0,228)	−0,245 (0,241)
FDP	−0,304 (0,216)	−0,081 (0,285)	−0,587 (0,333)
Die Linke	−0,619** (0,179)	−0,538* (0,237)	−0,606* (0,279)
Bündnis 90/Die Grünen	−0,610*** (0,154)	−0,678** (0,206)	−0,442 (0,236)
AfD (†)	0,680*** (0,169)	0,630** (0,221)	0,725** (0,266)
Andere Partei (†)	0,282 (0,181)	0,477 (0,258)	0,049 (0,258)
Nichtwähler (†)	0,460** (0,145)	0,369 (0,193)	0,474* (0,223)

Anmerkung: Wiedergegeben sind die Regressionskoeffizienten der in diesem Abschnitt interessierenden Variablen. Die Modelle, auf denen die Koeffizienten basieren, inkludieren sämtliche im Text diskutierten Variablen. In Klammern Standardfehler. $*p < 0{,}05$; $**p < 0{,}01$; $***p < 0{,}001$. (†) Es konnten nicht alle Wahlabsicht-Variablen in eine Regressionsgleichung aufgenommen werden. Die Wahlabsicht für AfD, andere Parteien und Nichtwahl wurden deshalb getrennt von der Wahlabsicht für die etablierten Parteien aufgenommen.

eher kritischen Haltung der Partei zur Corona-Politik passt (Engler und Zohlnhöfer i. E.; s. Kap. 6). Interessant ist, dass die beiden Oppositionsparteien Grüne und Linke die größten Koeffizienten aufweisen, während insbesondere die Unterstützung der Regierungspartei SPD nur relativ schwach mit Bereitschaft zu Corona-Compliance einhergeht – ja, kontrolliert man für die Akzeptanz von Selbstermächtigung, verliert der SPD-Koeffizient sogar knapp seine statistische Signifikanz (p = 0,075).

Interessant ist weiterhin, dass die Signifikanz all dieser Koeffizienten mit Ausnahme desjenigen für die Linke bei der gesonderten Betrachtung sowohl der Einhaltung der Corona-Regeln als auch der Impfbereitschaft verloren geht.

Betrachtet man die Präferenz für etablierte Parteien getrennt nach den beiden Befragungen, fällt auf, dass die SPD-Anhänger im Sommer 2020 keine signifikant höhere Regeleinhaltung mehr berichteten als die übrigen Befragten. Sonst bleiben die Befunde für die erste Befragung im Vergleich zur aggregierten Betrachtung beider Erhebungen weitgehend unverändert.[8] In der zweiten Befragung ist die Signifikanz der Koeffizienten dann allerdings weitgehend verschwunden. Lediglich die Anhängerinnen und Anhänger der Linken wiesen noch eine signifikant niedrigere Neigung zu Selbstermächtigung auf. Die Koeffizienten für eine Wahlabsicht für die Grünen und – durchaus bemerkenswert – die FDP verfehlen knapp die üblichen Signifikanzniveaus (p = 0,062 und 0,079), die Werte für die Wählerinnen und Wähler der beiden Regierungsparteien sind dagegen deutlich von Signifikanz entfernt. Nimmt man noch die Variable zur Akzeptanz von Selbstermächtigung in die Regression auf, werden die Koeffizienten aller Parteien klar insignifikant. Untersucht man schließlich die Effekte der Wahlabsicht auf die einzelnen Komponenten der Corona-Compliance im Winter 2020, findet man nur für die Bereitschaft, die Corona-App zu installieren, signifikante Effekte: Demnach waren Anhängerinnen und Anhänger von CDU/CSU und Grünen signifikant eher bereit als die übrigen Befragten, die App herunterzuladen.

Auch für die Wahlabsicht für die AfD, andere nicht-etablierte Parteien und Nichtwähler finden sich auf der aggregierten Ebene für beide Befragungen überwiegend die erwarteten Ergebnisse. Sowohl die Wahlabsicht für die AfD als auch die Absicht, sich nicht an der nächsten Wahl zu beteiligen, gehen einher mit einer höheren Bereitschaft zur Corona-Selbstermächtigung – und zwar unabhängig davon, ob für die Akzeptanz von Selbstermächtigung kontrolliert wird oder nicht. Dagegen hat die Wahlabsicht für eine andere nicht-etablierte Partei keinen statistisch signifikanten Effekt. Analysiert man die einzelnen Corona-Maßnahmen getrennt, zeigt sich die Corona-Selbstermächtigung von AfD- und Nicht-Wählern in erster Linie bei der Bereitschaft, die Corona-Warn-App nicht zu nutzen. Bei der Einhaltung der Corona-Regeln und der Impfbereitschaft spielt weder die AfD-Wahlabsicht noch Nicht-Wahl eine Rolle.

Differenziert man zwischen beiden Erhebungen, zeigt sich auch für die erste Erhebung auf der aggregierten Ebene der AfD-Effekt, während der Koeffizient für Nichtwahl-Absicht knapp unter der Schwelle statistischer Signifikanz bleibt (p = 0,056). Im Sommer 2020 verfehlt die Wahlabsicht für die AfD zudem nur sehr knapp einen die Selbstermächtigung verstärkenden Effekt auf die Einhaltung der Corona-Maßnahmen (p = 0,053).

Zusammenfassend lässt sich festhalten, dass die Wahlabsicht in der Tat einen Effekt auf die Corona-Compliance hat. Grundsätzlich scheinen Wählerinnen und Wähler der etablierten Parteien, die auch an der Formulierung der Corona-Politik

---

[8] Lediglich der Koeffizient für die Linke verliert bei der gesonderten Betrachtung der Impfbereitschaft und der Verwendung der Corona-App seine Signifikanz.

beteiligt waren, eher bereit, die entsprechenden Maßnahmen auch selbst umzusetzen – wobei dies nicht für potenzielle Wählerinnen und Wähler der FDP gilt und vor allem die Nutzung der Corona-App betrifft. Umgekehrt neigen AfD-Anhängerinnen und Anhänger sowie Menschen, die nicht wählen, stärker zu Selbstermächtigung, wobei sich der genannte AfD-Effekt für die erste Befragung fast sogar für die Corona-Regeleinhaltung zeigen lässt.

4.8 Interpersonelles Vertrauen und Verschwörungsmentalität

Haben wir in den bisherigen Analysen Einstellungen zu unserem demokratischen System und politische Überzeugungen der Befragten betrachtet, sollen in den nächsten Analysen nun eher Aspekte der individuellen Disposition untersucht werden. Während wir oben das Vertrauen in die Institutionen, die Lösungsfähigkeit der Politik usw. analysiert haben, ist auf individueller Ebene das sogenannte interpersonelle Vertrauen von Interesse. Geht man davon aus, dass eine gesellschaftliche Krise wie die Pandemie nur gemeinsam gelöst werden kann, so sollte das Vertrauen darin, dass nicht nur ich, sondern auch andere Menschen sich an Regeln und Zusagen halten, ein wichtiger Einflussfaktor auf die Bereitschaft sein, sich auch selbst an die Regeln zu halten. So konnte bereits in der Vergangenheit gezeigt werden, dass interpersonelles Vertrauen mit einer reduzierten Bereitschaft zur Delinquenz einhergeht (z. B. Austrin und Boever 1977). Wir erwarten daher, dass ein reduziertes interpersonelles Vertrauen mit einer erhöhten Bereitschaft zur Selbstermächtigung im Kontext der Corona-Krise einhergeht (vgl. auch Charron et al. 2022; Durante et al. 2021).[9] Zur Messung des interpersonellen Vertrauens haben wir die Kurzskala zur Messung des zwischenmenschlichen Vertrauens (Beierlein et al. 2012) verwendet, die anhand von nur drei Items eine reliable und valide Messung des Konstrukts erlaubt.

Als weitere individuelle Disposition haben wir die Neigung zu Verschwörungs-Überzeugungen untersucht. Bereits frühzeitig wurden von sog. Corona-Leugnern Narrative in den Diskurs eingebracht, die ihre Wurzeln in sog. Verschwörungstheorien haben. So wurde unter anderem davon gesprochen,

---

[9] Dagegen finden Jäckle et al. (2022) für ein nicht-bevölkerungsrepräsentatives Sample einen signifikant negativen Effekt von sozialem Vertrauen auf die Akzeptanz der Corona-Maßnahmen in Deutschland. Die Autorinnen und Autoren argumentieren, dass Menschen mit ausgeprägtem sozialen Vertrauen die Corona-Maßnahmen als unnötig betrachten könnten, da sie davon ausgehen, dass sich ihre Mitmenschen auch ohne staatlichen Eingriff kooperativ verhielten. Auch Jørgensen et al. (2021) berichten einen solchen negativen Effekt.

dass die Corona-Krise ausgerufen worden sei, um es den Eliten zu ermöglichen, ihre Interessen durchzusetzen und der Bevölkerung ihren Willen aufzuzwingen. Die Impfungen wurden entweder auf die wirtschaftlichen Interessen der Pharmaindustrie zurückgeführt oder gar mit dem angeblichen Versuch in Zusammenhang gebracht, durch eingebrachte technische Mittel (Mikrochips) die Kontrolle über die Menschheit zu erlangen. Wir gehen daher davon aus, dass die Bereitschaft, solche Verschwörungs-Narrative zu glauben, mit der Corona-Selbstermächtigung einhergehen sollte. Um diesen Zusammenhang zu prüfen, haben wir einen Fragebogen eingesetzt, der die sog. Verschwörungsmentalität misst. Unter Verschwörungsmentalität versteht man dabei die individuelle Bereitschaft, daran zu glauben, dass bedeutende Ereignisse auf die intentionale Aktivität von böswilligen Eliten zurückzuführen sind, die die Macht besitzen, den vermuteten konspirativen Akt auszuführen (Imhoff und Bruder 2014). In der Literatur findet sich ein Fragebogen, der Conspiracy Mentality Questionnaire (CMQ, Bruder et al. 2013), der es ermöglicht, diese individuelle Bereitschaft bzw. Disposition zu erfassen. Diesen aus lediglich 5 Items bestehenden Fragebogen haben wir in unseren Befragungen eingesetzt.

Empirisch zeigt sich, dass die Verschwörungsmentalität in der Tat den erwarteten Effekt hat: Je stärker Personen Verschwörungsüberzeugungen anhängen, desto eher neigen sie auch zu Corona-Selbstermächtigung. Der Effekt ist erheblich: Unter sonst gleichen Bedingungen ergibt sich auf der Basis der Werte in Gleichung 19 aus Tab. 4.7 ein Unterschied zwischen Personen, die überhaupt nicht zu Verschwörungsmentalität neigen, und solchen, die den Höchstwert bei dieser Variable erreichen, von gut einem Punkt auf unserer Selbstermächtigungsskala.

Tab. 4.7 Der Einfluss von interpersonellem Vertrauen und Verschwörungsmentalität auf Corona-Selbstermächtigung

	(19) Beide Erhebungen	(20) Erhebung 1	(21) Erhebung 2
Interpersonelles Vertrauen	-0,117 (0,062)	-0,011 (0,085)	-0,217* (0,091)
Verschwörungsmentalität	0,102*** (0,025)	0,101** (0,034)	0,108** (0,038)

Anmerkung: Wiedergegeben sind die Regressionskoeffizienten der in diesem Abschnitt interessierenden Variablen. Die Modelle, auf denen die Koeffizienten basieren, inkludieren sämtliche im Text diskutierten Variablen. In Klammern Standardfehler. $* p < 0{,}05$; $** p < 0{,}01$; $*** p < 0{,}001$.

Der Koeffizient für interpersonelles Vertrauen zeigt zwar die erwartete Richtung, verfehlt im Modell für beide Zeitpunkte jedoch knapp statistische Signifikanz (p = 0,058). Allerdings erreicht er diese zumindest für die getrennte Auswertung der zweiten Erhebung. Somit können wir zumindest für den Winter 2020/21 argumentieren, dass Personen, die ein höheres interpersonelles Vertrauen aufweisen, weniger zu Corona-Selbstermächtigung neigen als andere.

Ein Blick auf die einzelnen Elemente der Corona-Maßnahmen zeigt, dass Verschwörungsmentalität und interpersonelles Vertrauen besonders erklärungskräftig sind, wenn es um die Impfbereitschaft und die Bereitschaft zur Nutzung der Corona-Warn-App geht, während sie keinen signifikanten Erklärungsbeitrag für die Einhaltung der Corona-Regeln leisten. Nennenswerte Unterschiede bei der getrennten Untersuchung beider Befragungen fallen für interpersonelles Vertrauen auf. Der entsprechende Koeffizient wird bei einer gesonderten Analyse der zweiten Befragung signifikant – unabhängig von der Inkludierung der Akzeptanz von Selbstermächtigung. Beide Koeffizienten verfehlen zudem bei der Untersuchung der Impfbereitschaft in der ersten Befragung noch statistische Signifikanz, das gilt für interpersonelles Vertrauen auch für die Analyse der Nutzung der Corona-Warn-App – dies ließe sich, ähnlich wie beim Vertrauen in die Wissenschaft und den öffentlich-rechtlichen Rundfunk, als Hinweis auf die zu diesem Zeitpunkt noch geringe Salienz des Themas in der Öffentlichkeit interpretieren. Schließlich leistet die Verschwörungsmentalität in der zweiten Befragung keinen Erklärungsbeitrag zur Verwendung der Corona-App und interpersonelles Vertrauen verliert knapp (p = 0,052) seinen signifikanten Einfluss auf die Impfbereitschaft.

4.9 Einstellung zur Selbstermächtigung

Schließlich betrachten wir in diesem Abschnitt auch noch den Zusammenhang zwischen der Vorstellung, man müsse sich unter allen Umständen *an Gesetze halten,* und der Corona-Selbstermächtigung. Hier erwarten wir, dass Personen, die angeben, man müsse sich immer an Gesetze halten, auch die Corona-Maßnahmen umsetzen werden. Das gilt natürlich in erster Linie für das Einhalten der Corona-Einschränkungen, während sich auch Menschen, die meinen, man müsse sich immer an Gesetze halten, nicht notwendigerweise an die bloße Empfehlung, die Corona-Warn-App herunterzuladen oder sich impfen zu lassen, gebunden gefühlt haben müssen (zumal zum Zeitpunkt beider Befragungen ein Impfstoff noch gar nicht zur Verfügung stand).

Tab. 4.8 Der Einfluss der Einstellung zur Selbstermächtigung auf Corona-Selbstermächtigung

	(22) Beide Erhebungen	(23) Erhebung 1	(24) Erhebung 2
In Ausnahmesituationen seinem Gewissen folgen	*0,198* *(0,108)*	*0,198* *(0,108)*	*0,057* *(0,166)*

Anmerkung: Wiedergegeben sind die Regressionskoeffizienten der in diesem Abschnitt inter-essierenden Variablen. Der Regressionskoeffizient für die Akzeptanz von Selbstermächtigung stammt aus einer anderen Schätzung als die Koeffizienten in den Tabellen oben. Die Modelle, auf denen die Koeffizienten basieren, inkludieren sämtliche im Text diskutierten Variablen. In Klammern Standardfehler.

Die Variable, die misst, ob Befragte der Auffassung sind, man müsse sich immer an Gesetze halten (bzw. man dürfe in Ausnahmesituationen seinem Gewissen folgen, auch wenn dies eine Missachtung von Gesetzen bedeutet), die wir als Indikator für die Akzeptanz von Selbstermächtigung interpretieren, scheitert knapp (p = 0,067) an der Signifikanzschwelle (Tab. 4.8).[10] Betrachtet man lediglich die selbst berichtete Einhaltung der Corona-Regeln, spielt die Vorstellung, man müsse sich immer an Gesetze halten, dagegen eine hochsignifikante Rolle. Wie erwartet berichten Menschen, die der Auffassung sind, man dürfe in Ausnahmesituationen Gesetze übertreten, eine höhere Bereitschaft zu Corona-bezogener Selbstermächtigung. Dieser Befund erweist sich insgesamt als sehr stabil.

4.10 Zusammenfassung

Wie lassen sich die vielfältigen und differenzierten Ergebnisse dieses Kapitels zusammenfassen? Ein erster interessanter Befund ist, dass Corona-Selbstermächtigung kein *Wissen*sthema ist. Weder formale Bildung noch die subjektive Wahrnehmung des eigenen Einblicks in politische Probleme noch die objektiv gemessenen Kenntnisse über das politische System spielen für die Erklärung eine Rolle. Es ist also vermutlich nicht Wissen, sondern eher die *Informationsquelle,* der vertraut wird, die wichtig dafür sind, wie sich die Bürgerinnen

---

[10] Da bei Einschluss dieser Variable in die Regressionen eine erhebliche Zahl an Fällen verloren geht, wurden für die übrigen Variablen in diesem Kapitel die Koeffizienten für Modelle ohne Einschluss dieser Variable berichtet. Insofern können die Koeffizienten der Variable zur Akzeptanz von Selbstermächtigung und der übrigen Variablen in den Tabellen dieses Kapitel nicht unmittelbar verglichen werden, da sie aus unterschiedlichen Regressionen stammen.

und Bürger gegenüber den Maßnahmen zur Eindämmung der Pandemie verhalten. Wer dem öffentlich-rechtlichen Rundfunk vertraut, verhält sich regelkonform, insbesondere hinsichtlich Impfbereitschaft und Warn-App; wer Informationen aus den sozialen Medien für glaubwürdig hält, hält sich dagegen eher nicht an die Regeln.

Weiterhin ist auffallend, dass *Eigeninteresse* eine gewisse Bedeutung zuzukommen scheint. Wer beispielsweise eine Ansteckung für wahrscheinlich hält, ist eher bereit, sich durch Impfung und App zu schützen. Auch die Tatsache, dass ältere Menschen durchgängig in allen Umfragen und in allen Maßnahmenbereichen signifikant höhere Regeleinhaltung aufweisen, lässt sich mit dem Eigeninteresse angesichts des höheren Risikos schwerer Krankheitsverläufe erklären (wenngleich natürlich auch Sozialisationseffekte relevant sein könnten). Schließlich könnte man auch den Befund, dass Menschen, deren wirtschaftliche Situation sich durch die Pandemie verschlechtert hat, eher bereit sind, sich impfen zu lassen, entsprechend interpretieren: Womöglich hoffen diese Menschen, durch die Impfung einen Beitrag zur Überwindung der Pandemie zu leisten, wodurch sich ihre wirtschaftliche Situation verbessern könnte.

Eng zusammen mit Eigeninteresse hängt auch der Befund, dass *Abschreckung* in gewissem Umfang wirkt. Das gilt natürlich nur für die Bereiche, in denen Gebote und Verbote herrschen, nicht für Maßnahmen, die ohne Zwang auskommen müssen, wie die App und die Impfung. Doch für die Einhaltung der Corona-Einschränkungen finden wir einerseits für die Wahrscheinlichkeit, bei Übertretungen entdeckt zu werden, einen negativen Zusammenhang mit Selbstermächtigung: Wer Angst hat, erwischt zu werden, hält sich eher an die Regeln! Noch robuster ist andererseits der Zusammenhang für die Folgen des Erwischtwerdens: Wer es schlimm findet, ertappt zu werden – und das scheint durchaus mit der Höhe der Strafe zu korrelieren –, der respektiert die Regeln eher. Ebenfalls der Regeleinhaltung verpflichtet fühlen sich zudem Menschen, die ohnehin der Auffassung sind, man müsse sich ohne Ausnahme an Gesetze halten.

Dieser Zusammenhang zwischen Angst vor Erwischtwerden oder Bestrafung und der Befolgung der Regeln kann auch einen anderen durchgehenden Befund erklären: Dass nämlich, wenn wir Zusammenhänge zwischen Merkmalen und Pandemie-assoziierter Selbstermächtigung finden, diese meist stärker bei der Frage der App-Nutzung und der Impfbereitschaft auftreten. Hier scheint das Verstoßen gegen die gesellschaftliche Norm eindeutiger von der eigenen Überzeugung getrieben zu sein, da Überlegungen hinsichtlich möglicher Sanktionen weniger in die Entscheidung zur Selbstermächtigung einfließen.

Offenbar noch konsistenter als das Eigeninteresse wirkt aber die *Einsicht in die Notwendigkeit*. Jedenfalls findet sich der stärkste Effekt in unserem Hauptmodell, der auch in allen Robustheitstests hochsignifikant bleibt, für die Vorstellung, dass die Einschränkung von Grundrechten zum Schutz vor der Pandemie gerechtfertigt ist. Wer diese Frage bejaht, der hält sich signifikant mehr an die Einschränkungen und ist eher bereit, sich impfen zu lassen und die App zu installieren. Obwohl also weniger als drei Prozent der Befragten in unserer ersten Umfrage der Auffassung sind, man müsse sich nur an Gesetze halten, wenn man mit ihnen einverstanden ist (siehe Kap. 3), zeigt sich empirisch, dass es offenbar zumindest leichter fällt, sich an Regeln zu halten, die man für gerechtfertigt hält. Auch unser Befund, dass die Zufriedenheit mit der Corona-Politik das einzige Politikfeld ist, dass konsistent mit der Corona-Compliance zusammenhängt, stützt diese Aussage. Schließlich ließe sich auch der Befund, dass politisches Interesse negativ mit Corona-Selbstermächtigung korreliert, so interpretieren, dass mit politischem Interesse ein gewisses Verständnis für die Notwendigkeit der Corona-Maßnahmen einhergeht, das dann wiederum zu höherer Compliance beiträgt.

Allerdings scheint nicht allein die konkrete Bewertung der Corona-Politik und der damit einhergehenden Einschränkungen die Neigung zu Selbstermächtigung in diesem Bereich zu beeinflussen. Vielmehr finden wir eine Vielzahl von Hinweisen, dass sich in der Corona-Selbstermächtigung auch eine allgemeine Unzufriedenheit oder *Entfremdung* vom politischen Prozess und der Demokratie in Deutschland manifestiert. Das zeigt sich nicht zuletzt daran, dass Demokratiezufriedenheit selbst positiv mit der Einhaltung der Corona-Einschränkungen zusammenhängt, was ja nichts Anderes bedeutet, als dass die Menschen, die sich in Bezug auf diese Regeln selbst ermächtigen, nicht nur mit den einzelnen Maßnahmen und womöglich auch der amtierenden Regierung unzufrieden sind, sondern auch mit dem Funktionieren der Demokratie als solcher. Dass auch ganz allgemein sowohl das demokratische als auch das rechtsstaatliche Vertrauen negativ mit Selbstermächtigung zusammenhängen – insbesondere, wenn die Angst vor Ansteckung, die für Regeleinhaltung sorgt, gering ist –, unterstreicht diesen Befund noch. Die These, dass sich in der Corona-Selbstermächtigung eine allgemeine Entfremdung vom politischen System manifestiert, erfährt zusätzliche Unterstützung auch von dem Befund, dass die Wahl der Protestpartei AfD und die Intention, gar nicht wählen zu gehen, positiv mit Selbstermächtigung zusammenhängen. Auch der – wenngleich nicht durchgängig nachweisbare – Befund, dass mangelnde politische Selbstwirksamkeit im Sinne der Wahrnehmung, Einfluss auf politische Entscheidungen nehmen zu können, mit der Neigung zu Selbstermächtigung korreliert, spricht für die Entfremdungsthese.

Und auch die Ergebnisse zu den individuellen, psychologischen Dispositionen unterstützen die Interpretation, dass Menschen, die sich im Kontext der Corona-Krise selbstermächtigen und nicht an die Regeln halten, eine deutliche Entfremdung vom politischen und gesellschaftlichen System aufweisen. Verschwörungsmentalität ist ein Merkmal, das ein tiefgreifendes Misstrauen in politische und gesellschaftliche Institutionen und in deren Repräsentanten beinhaltet. Es passt daher gut zu den anderen Befunden, dass erhöhte Verschwörungsmentalität, auch wenn man für alle anderen Formen des Misstrauens in die Institutionen kontrolliert, mit erhöhter Selbstermächtigungsbereitschaft einhergeht. Beunruhigend ist in diesem Zusammenhang sicher eine Beobachtung, die wir ebenfalls in unseren Umfragen gemacht haben, dass nämlich die Ausprägung der Verschwörungsmentalität im Laufe der Corona-Pandemie noch signifikant zugenommen hat (p<.001, d = .26) (Kirsch 2022; vgl. Abb. 4.2, links). Dabei ist diese Zunahme nicht auf eine Zunahme der Extremausprägung in der Verschwörungsmentalität zurückzuführen, sondern auf eine Verschiebung der gesamten Verteilung hin zu einer höheren Verschwörungsmentalität (Abb. 4.2, rechts). Eine solche Zunahme des Misstrauens könnte natürlich auch zu einer generellen Veränderung der gesellschaftlichen Atmosphäre und einer Entfremdung der Menschen voneinander führen, die sich auch in einer Abnahme des interpersonellen Vertrauens über die Pandemie zeigen könnte. Eine solche Abnahme haben wir tatsächlich signifikant, wenn auch mit einem sehr geringen Effekt (d = 0,098), gefunden und diese Veränderung in der gesellschaftlichen Atmosphäre könnte auch dazu geführt haben, dass sich in der zweiten Befragung ein signifikanter Effekt des interpersonellen Vertrauens auf die Corona-Selbstermächtigung ergibt.

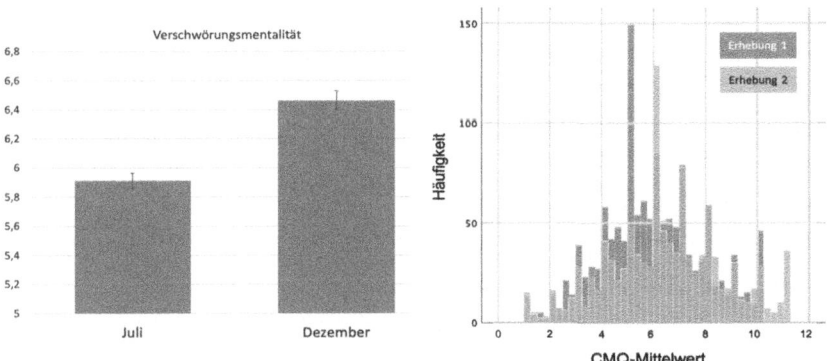

Abb. 4.2 Zunahme der Verschwörungsmentalität von Juli zu Dezember 2020, dargestellt als Zunahme des Mittelwertes (links) und als Verschiebung der Verteilung der CMQ-Mittelwerte hin zu höheren Ausprägungen (rechts). (Quelle: eigene Erhebung, eigene Auswertung. Rechter Teil aus Kirsch 2022)

Literatur

Ackermann, Kathrin, und Reimut Zohlnhöfer. 2021. Playing by the rules – Individual and contextual determinants of abiding by the laws. Paper prepared for the (Virtual) International Conference of Europeanists 2021.

Altiparmakis, Argyrios, Abel Bojar, Sylvain Brouard, Martial Foucault, Hanspeter Kriesi, und Richard Nadeau. 2021. Pandemic politics: policy evaluations of government responses to COVID-19. *West European Politics* 44 (5–6): 1159–1179.

Anderson, Christopher J. 2022. Citizens and the state during crisis: Public authority, private behaviour and the Covid-19 pandemic in France. *European Journal of Political Research* online first, https://doi.org/10.1111/1475-6765.12524

Austrin, Harvey R, und Patricia M. Boever. 1977. Interpersonal Trust and Severity of Delinquent Behavior. *Psychological Reports* 40(3_suppl): 1075–1078.

Bargain, Oliver, und Ulugbek Aminjonov. 2020. Trust and compliance to public health policies in times of COVID-19. *Journal of Public Economics* 192.

Behnke, Nathalie 2020. Föderalismus in der (Corona-)Krise? Föderale Funktionen, Kompetenzen und Entscheidungsprozesse. *Aus Politik und Zeitgeschichte* 70 (35-37): 9-15.

Beierlein, Constanze, Christoph J. Kemper, Anastassiya Kovaleva, und Beatrice Rammstedt. 2012. Kurzskala zur Messung des zwischenmenschlichen Vertrauens: Die Kurzskala Interpersonales Vertrauen (KUSIV3). *GESIS Working Papers* (22), abrufbar unter https://www.gesis.org/fileadmin/upload/forschung/publikationen/gesis_reihen/gesis_arbeitsberichte/WorkingPapers_2012-22.pdf (letzter Zugriff: 20.06.2022)

Bruder, Martin, Peter Haffke, Nick Neave, Nina Nouripanah, und Roland Imhoff. 2013. Measuring Individual Differences in Generic Beliefs in Conspiracy Theories Across Cultures: Conspiracy Mentality Questionnaire. *Frontiers in Psychology*, 4, abrufbar unter: https://doi.org/10.3389/fpsyg.2013.00225.

Charron, Nicolas, Victor Lapuente, und Andrés Rodríguez-Pose. 2022. Uncooperative society, uncooperative politics or both? Trust, polarization, populism and COVID-19 deaths across European regions. *European Journal of Political Research* online first, https://doi.org/10.1111/1475-6765.12529

Citrin, Jack, und Laura Stoker. 2018. Political Trust in a Cynical Age. *Annual Review of Political Science* 21: 49–70.

Dalton, Russell. 2004. *Democratic challenges, democratic choices: The erosion of political support in advanced industrial democracies.* Oxford: Oxford University Press.

Dalton, Russell. 2015. *The Good Citizen: How a Younger Generation Is Reshaping American Politics.* Washington: CQ Press.

Devine, Daniel, Jennifer Gaskell, Will Jennings und Gerry Stoker. 2020. Trust and the Coronavirus Pandemic: What are the Consequences of and for Trust? An Early Review of the Literature. *Political Studies Review* 19 (2): 274–285.

Durante, Ruben, Luigi Guiso, und Giorgio Gulino. 2021. Asocial capital: Civic culture and social distancing during COVID-19. *Journal of Public Economics* 194.

Engler, Fabian, und Reimut Zohlnhöfer. i. E. Wettbewerb um Wählerstimmen, Klimakrise und die Corona-Pandemie. Parteienwettbewerb und Regierungshandeln in der 19. Wahlperiode, in: Reimut Zohlnhöfer, und Fabian Engler (Hrsg.). *Das Ende der Merkel-Jahre. Eine Bilanz der Regierung Merkel, 2018–2021.* Wiesbaden: Springer.

Erhardt, Julian, Markus Freitag, Maximilian Filsinger, und Steffen Wamsler. 2021. The Emotional Foundations of Political Support: How Fear and Anger Affect Trust in the Government in Times of the Covid-19 Pandemic. *Swiss Political Science Review* 27 (2): 339-352.

Grande, Edgar, Swen Hutter, Sophia Hunger, und Eylem Kanol. 2021. *Alles Covidioten? Politische Potenziale des Corona-Protests in Deutschland.* Wissenschaftszentrum Berlin für Sozialforschung: Discussion Paper ZZ 2021–601, abrufbar unter https://bibliothek.wzb.eu/pdf/2021/zz21-601.pdf

Imhoff, Roland, und Martin Bruder. 2014. Speaking (Un-)Truth to Power: Conspiracy Mentality as a Generalised Political Attitude. *European Journal of Personality* 28(1): 25–43.

Jäckle, Sebastian, Eva-Maria Trüdinger, Achim Hildebrandt, und Uwe Wagschal. 2022. A Matter of Trust: How Political and Social Trust Relate to the Acceptance of Covid-19 Policies in Germany, *German Politics* online first https://doi.org/10.1080/09644008.2021.2021510

Jensen, Carsten, und Reimut Zohlnhöfer. 2020. Policy knowledge among 'elite citizens'. *European Policy Analysis* 6 (1): 10-22.

Jørgensen, Frederik, Alexander Bor, und Michael Bang Petersen. 2021. Compliance without fear: Individual-level protective behaviour during the first wave of the COVID-19 pandemic. *British Journal of Health Psychology* 26 (2): 679–696.

Kestilä-Kekkonen, Elina, Aki Koivula, und Aino Tiihonen. 2022. When trust is not enough. A longitudinal analysis of political trust and political competence during the first wave of the COVID-19 pandemic in Finland. *European Political Science Review* online first, doi:https://doi.org/10.1017/S1755773922000224

Kirsch, Peter. 2022. Selbstermächtigung und Verschwörungsglaube in den Zeiten der Pandemie. Wenn die Realität die Forschungsfrage überholt. *Forum Marsilius-Kolleg* 20: 124–130.

Marien, Sofie, und Marc Hooghe. 2011. Does political trust matter? An empirical investigation into the relation between political trust and support for law compliance. *European Journal of Political Research* 50: 267–291.

Norris, Pippa (Hrsg.). 1999. *Critical citizens: global support for democratic government.* New York: Oxford University Press.

Person, Christian, Nathalie Behnke, und Till Jürgens. i. E. Föderale Koordination im Stresstest – zur Rolle der Ministerpräsidentenkonferenz im Pandemie-Management, in: Reimut Zohlnhöfer, und Fabian Engler (Hrsg.). *Das Ende der Merkel-Jahre. Eine Bilanz der Regierung Merkel, 2018–2021.* Wiesbaden: Springer.

Seyd, Ben, und Feifei Bu. 2022. Perceived risk crowds out trust? Trust and public compliance with coronavirus restrictions over the course of the pandemic. *European Political Science Review* 14 (2): 155-170.

Six, Frédérique, Steven de Vadder, Monika Glavina, Koen Verhoest, und Koen Pepermans. 2021. What drives compliance with COVID-19 measures over time? Explaining changing impacts with Goal Framing Theory. *Regulation and Governance* online first, doi:https://doi.org/10.1111/rego.12440

van Rooij, Benjamin, Anne Leonore de Bruijn, Chris Reinders Folmer, Emmeke Kooistra, Malouke Esra Kuiper, Megan Brownlee, Elke Olthuis, und Adam Fine. 2020. *Compliance with COVID-19 Mitigation Measures in the United States*. Amsterdam: Amsterdam Law School Legal Studies Research Paper No. 2020–21. Abrufbar unter http://dx.doi.org/https://doi.org/10.2139/ssrn.3582626

Vasilopoulos, Pavlos, Haley McAvay, Sylvain Brouard, und Martial Foucault. 2022. Emotions, governmental trust and support for the restriction of civil liberties during the covid-19 pandemic. European Journal of Political Research online first, https://doi.org/10.1111/1475-6765.12513

Fridays for Future Selbstermächtigung 5

5.1   Daten und Methode

In diesem Kapitel geht es um die Einstellung der Befragten zu den Fridays for Future-Protesten. Dazu verwenden wir den in Kap. 3 beschriebenen Index, der das Ausmaß der Zustimmung zu den Fridays for Future-Protesten beschreibt. Die Variable kann die Werte 0 (keine Unterstützung), 1 (geringe Unterstützung), 2 (eher Unterstützung) oder 3 (volle Unterstützung) annehmen (vgl. Abb. 3.6). Da es sich hier nicht um eine intervall-, sondern eine ordinal-skalierte abhängige Variable handelt, erfolgt die Auswertung mittels ordinaler logistischer Regression.[1]

Hinsichtlich der Prädiktor-Variablen verwenden wir einen sehr ähnlichen Satz an Variablen wie bei der Analyse der Corona-Selbstermächtigung, wobei wir allerdings den Variablenblock aus der Analyse ausschließen, der sich auf die spezifische Betroffenheit der Befragten durch die Corona-Pandemie bezieht. Da eine unmittelbare individuelle Auswirkung der Klimakrise auf die einzelnen Befragten von uns nicht erfragt wurde – ein Mangel, den man möglicherweise, z. B. vor

---

[1] Die Durchführung einer ordinalen logistischen Regression verlangt die Proportionalitätsannahme (engl. „proportional odds assumption"), die davon ausgeht, dass der Anteil der Beobachtungen in jeder Stufe der abhängigen Variable über jede Stufe der Prädiktor-Variablen hinweg konsistent ist. Diese Annahme wird mittels eines chi-Quadrat-Tests überprüft, der sehr liberal ist und insbesondere bei großen Modellen mit vielen, gerade parametrischen Prädiktoren und umfangreichen Stichproben eigentlich immer diese Annahme verwirft (O'Conell, 2006; Brant, 1990). Dies ist auch bei den hier gerechneten Modellen der Fall. Aufgrund der guten Modellanpassung, der recht hohen Varianzaufklärung und der überaus plausiblen Ergebnisse haben wir uns aber entschlossen, die Ergebnisse der Modelle trotzdem darzustellen und zu interpretieren. Es wird aber darauf verwiesen, dass bei der Interpretation eine gewisse Vorsicht herrschen sollte.

© Der/die Autor(en), exklusiv lizenziert an Springer Fachmedien Wiesbaden   77
GmbH, ein Teil von Springer Nature 2022
P. Kirsch et al., *Gesellschaftliche Selbstermächtigung in Deutschland*,
https://doi.org/10.1007/978-3-658-39087-7_5

dem Hintergrund der im Sommer 2021 eingetretenen Hochwasser-Katastrophe in Nordrhein-Westfalen und Rheinland-Pfalz in zukünftigen Befragungen beseitigen sollte –, können wir diesen Aspekt in den Modellen zu den Einstellungen zu den Fridays for Future-Protesten nicht aufnehmen. Eine Aufnahme der Frage der Betroffenheit in dem Sinne, ob die Befragten selbst an den Protesten teilgenommen haben, ist aber auch nicht möglich, da diese Frage Teil der Items ist, die unsere Kriteriumsvariable bilden.

Zunächst betrachten wir wie in der Analyse zu den Corona-Maßnahmen sozio-ökonomische Variablen, also das Alter, das Geschlecht, die Bildung und den Beschäftigungs-Status. Zudem wird in diesem Block für den Wohnort in West- bzw. Ostdeutschland kontrolliert.

Weiterhin überprüfen wir, wie auch in den vorangegangenen Analysen, ob das Vertrauen in verschiedene politische Institutionen, in Parteien, die Wissenschaft, die öffentlich-rechtlichen sowie soziale Medien eine Bedeutung für das Ausmaß der Unterstützung der Fridays for Future-Aktivitäten hat. Auch in diesen Modellen wird die Rolle der Zufriedenheit mit dem Funktionieren der Demokratie in Deutschland ebenso wie die Antwort auf die Frage danach, ob die Befragten glauben, dass Bundestagsabgeordnete versuchen, ihre Wahlversprechen zu halten, mitberücksichtigt. Im Gegensatz zur Analyse zu den Corona-Maßnahmen wird aber die Frage nach dem Vertrauen in die Gerichte bei der Überprüfung der Rechtmäßigkeit der Corona-Maßnahmen in die vorliegende Analyse nicht aufgenommen.

Auch der von uns im vorhergehenden Kapitel unter dem Begriff der „Selbstwirksamkeit" zusammengefasste Variablenblock, der die Fragen nach der Einflussmöglichkeit des Einzelnen auf politische Entscheidungen und die Kenntnisse über die wichtigsten politischen Probleme und das politische System umfasst, wurde erneut in die Analyse aufgenommen.

Der Variablenblock zur Zufriedenheit der Befragten mit der Problemlösefähigkeit der deutschen Politik wurde zur Erklärung der Zustimmung zu den Fridays for Future-Protesten ebenfalls herangezogen. Dabei werden, wie auch im vorangegangenen Kapitel, die sechs Bereiche Flüchtlingskrise, Rente, Umgang mit Bedrohungen für Deutschlands Sicherheit, Corona-Pandemie, Klimaschutz und Eurokrise betrachtet.

Hinsichtlich der politischen Partien haben wir ebenfalls den Einfluss der Präferenz für eine Partei auf die Einstellung zu den Friday for Future-Aktivitäten untersucht. Dabei haben wir zwei Modelle gerechnet, bei denen einmal die Parteien aufgenommen wurden, bei denen die Themen Klimawandel und Fridays for Future einen wichtigen Teil ihrer politischen Agenda darstellen (Raisch und Zohlnhöfer 2020), namentlich die Grünen, die SPD und die Linke, und ein

Modell mit den Parteien, bei denen die Klimapolitik weniger im Mittelpunkt steht (CDU/CSU, FDP) oder die die Klimaerwärmung sogar leugnen (AfD). In dieses Modell wurden auch die Nicht-Wählerinnen und Nicht-Wähler und die Kategorie der Wählerinnen und Wähler sonstiger Parteien aufgenommen.

Auch in dieser Analyse wurde darüber hinaus der Einfluss von Verschwörungsmentalität und interpersonellem Vertrauen als personenbezogener Dispositionen analysiert. Schließlich haben wir auch die Akzeptanz von selbstermächtigendem Verhalten durch die Befragten in die Analyse aufgenommen.

Wie auch in der Analyse der Zustimmung und Befolgung der Corona-Maßnahmen wurden getrennte Modelle gerechnet, in denen einmal die Akzeptanz von Selbstermächtigung in das Modell aufgenommen wurde und einmal nicht. In die Modelle ohne die Selbstermächtigungsakzeptanz (Modell 1 und Modell 3) gingen 2.299 Befragte ein, in die Modelle mit Selbstermächtigungsakzeptanz (Modell 2 und Modell 4) 2.039 Befragte.

Da nicht davon auszugehen ist, dass die Einstellungen zu Fridays for Future-Aktivitäten im Laufe des halben Jahres zwischen unserer ersten und unserer zweiten Befragung substanziellen Veränderungen unterworfen waren, da ja in dem Zeitraum pandemiebedingt auch gar keine Aktivitäten der Bewegung stattgefunden hatten, haben wir auf die zusätzliche Berechnung von zwei getrennten Modellen für die beiden Befragungszeitpunkte verzichtet und den Zeitpunkt der Befragung lediglich als Kovariate in das Modell aufgenommen. In keinem der berechneten Modellen erklärte der Zeitpunkt der Befragung in signifikantem Maß die Einstellungen zu den Fridays for Future-Protesten.

Insgesamt weisen alle vier Modelle (die beiden Partei-Präferenz-Modelle, jeweils mit und ohne Selbstermächtigungs-Index) einen guten Modell-Fit auf (alle $\chi^2(33) > 688$). Die Varianzaufklärung (Pseudo-R-Quadrat nach Nagelkerke) liegt bei gut 32 % für die beiden Modelle, die die Präferenzen für klimakritische Parteien einschließen und bei gut 30 % bei den Modellen, die Präferenzen für die anderen Parteien beinhalten.

Im Folgenden werden die Ergebnisse der Analysen getrennt nach den oben beschriebenen Variablenblöcken dargestellt.

5.2   Sozio-ökonomische Faktoren

Bei den sozio-ökonomischen Faktoren erwarten wir wie bei den Corona-Maßnahmen einen Einfluss des Alters. Wie bereits oben beschrieben geht zunehmendes Alter ohnehin aufgrund der Sozialisation mit einer Zunahme an Regelkonformität einher (Dalton 2004, 2015; Norris 1999). Darüber hinaus ist aber natürlich zu erwarten, dass bei einer Protestbewegung, die vorwiegend von jungen Menschen initiiert wurde und die sich durch Schulstreiks ausdrückt, eine Zustimmung bei jungen Menschen wahrscheinlicher ist. Auch für Bildung sollte eine höhere Unterstützung für die Fridays for Future-Bewegung bestehen. Einerseits sind die gut Gebildeten eher „critical citizens", deren Bereitschaft, Regeln zu übertreten, signifikant überdurchschnittlich ist (Ackermann und Zohlnhöfer 2021). Andererseits könnten sich die komplexen Zusammenhänge zwischen menschlichem Verhalten und dem Klimawandel sowie dessen zwar noch begrenzt spürbaren, aber potenziell unabwendbaren Folgen Menschen mit zunehmender Bildung eher erschließen. Für alle anderen Variablen haben wir keine spezifischen theoretischen Erwartungen.

Empirisch zeigt sich für die sozioökonomischen Variablen tatsächlich lediglich für das Alter ein signifikanter Effekt (Tab. 5.1). Wie erwartet sinkt mit zunehmendem Alter die Wahrscheinlichkeit, den Fridays for Future-Protesten zuzustimmen. Während die ausbleibende Signifikanz für die Variablen zur Beschäftigung, Arbeitslosigkeit/Kurzarbeit, Geschlecht und Wohnort in den alten oder neuen Bundesländern erwartungskonform ist, überrascht das Fehlen eines signifikanten Zusammenhangs

Tab. 5.1 Der Einfluss sozio-ökonomischer Faktoren auf die Zustimmung zu den Fridays for Future-Protesten

	Modell 1*	Modell 2*	Modell 3*	Modell 4*
Alter	−0,022*** (−0,029−−0,016)	−0,023*** (−0,030−−0,017)	−0,024*** (−0,030−−0,017)	−0,024*** (−0,031−−0,018)
Geschlecht	0,047 (−0,125−0,219)	0,023 (−0,150−0,205)	0,048 (−0,124−0,220)	0,015 (−0,167−0,197)
Bildung	−0,016 (−0,074−0,041)	−0,039 (−0,010−0,022)	−0,024 (−0,082−0,034)	−0,046 (−0,107−0,015)
Beschäftigung	−0,047 (−0,227−0,133)	−0,099 (−0,289−0,092)	−0,044 (−0,224−0,136)	−0,089 (−0,279−0,101)
Arbeitslos oder in Kurzarbeit	−0,094 (−0,429−0,241)	−0,068 (−0,433−0,297)	−0,087 (−0,424−0,249)	−0,058 (−0,425−0,309)
Westdeutschland	0,210 (−0,032−0,451)	0,228 (−0,028−0,483)	0,189 (−0,050−0,429)	0,222 (−0,031−0,476)

Anmerkung: Wiedergegeben sind die Schätzer (in Klammern die 95 % Konfidenzintervalle) der logarithmierten Verhältnisse für die vier berechneten Modelle mit allen im Text diskutierten Variablen. *** p < 0,001, Signifikanzniveau berechnet mit dem Wald-Test
*Modell 1: Modell mit klimakritischen Parteien, Modell 2: Modell mit klimakritischen Parteien und Selbstermächtigungsakzeptanz, Modell 3: Modell mit weniger klimakritischen Parteien, Modell 4: Modell mit weniger klimakritischen Parteien und Selbstermächtigungsakzeptanz

zwischen Bildung und Unterstützung für Fridays for Future – ja, sogar das Vorzeichen des Koeffizienten widerspricht den Erwartungen. Ein Grund für diesen Befund könnte darin bestehen, dass die Unterstützung von Fridays for Future, wie gesehen, gerade unter jungen Menschen wie Schülerinnen und Schülern oder Studierenden hoch ist. Aufgrund ihres geringen Alters könnten diese Menschen aber (noch) nicht in die höheren formalen Bildungskategorien vorgestoßen sein, selbst wenn sie auf dem Weg dorthin sind. Schülerinnen und Schüler beispielsweise haben formal noch keinen Schulabschluss und zählen daher zur niedrigsten Bildungskategorie. Ein weiterer Grund für das überraschende Ergebnis könnte in der Codierung der Bildungsvariable liegen, die als zweithöchstes Bildungsniveau – also noch über dem Abitur – eine abgeschlossene Berufsausbildung wertet. Tatsächlich ist aber die durchschnittliche Zustimmung zu Fridays for Future von Menschen, deren höchster Bildungsabschluss eine abgeschlossene Berufsausbildung ist, nicht nur niedriger als die von Menschen mit Hochschulabschluss, sondern auch als die von Menschen mit Abitur und mit mittlerer Reife, ja, die durchschnittliche Zustimmung bei diesen Menschen ist sogar (wenn auch minimal) geringer als bei Menschen, die lediglich einen Hauptschulabschluss besitzen.

5.3 Vertrauen in Institutionen und Akteure

Wir erwartet, dass sich für den Variablenblock des Vertrauens in Institutionen und Akteure ein signifikanter Effekt für das Vertrauen in die Wissenschaft findet, da die Begründung der Fridays for Future-Aktionen ja in erster Linie auf den Erkenntnissen der Klimaforschung basiert. Wer also den Erkenntnissen der Wissenschaft misstraut, die praktisch geschlossen die menschengemachte Natur des Klimawandels betont, sollte skeptisch gegenüber Fridays for Future sein. Umgekehrt versuchen die Zweifler der Klimaerwärmung, die auch die Schulstreiks ablehnen sollten, diese Forschung zu diskreditieren. Darüber hinaus erwarten wir einen signifikanten Effekt des Vertrauens in die öffentlich-rechtlichen Medien auf die Unterstützung für Fridays for Future, da deren Berichterstattung das Problem der Klimaerwärmung und die wissenschaftlichen Erkenntnisse dazu seit einiger Zeit häufig thematisiert.

Darüber hinaus gehen wir davon aus, dass die Unterstützung für Fridays for Future umso größer ist, je stärker das Vertrauen der Befragten in politische Institutionen und Akteure ausgeprägt ist. Die Fridays for Future-Proteste haben ja ein konkretes politisch-inhaltliches Ziel, nämlich die Durchsetzung von Maßnahmen, die dazu geeignet sind, die globale Erwärmung einschneidend zu begrenzen. Wenn dieses Ziel durch politischen Protest, also eine Beeinflussung des demokratischen Prozesses, erreicht werden soll, liegt es nahe, den Teilnehmerinnen und Teilnehmern des Klimastreiks (sowie Menschen, die dieses Mittel politischer Beeinflussung unterstützen) Vertrauen in das Funktionieren des politischen Prozesses zu unterstellen. Allerdings sind keine uniformen Effekte für alle untersuchten Items zu erwarten. Das Vertrauen in politische Parteien beispielsweise könnte darunter gelitten haben, dass diese bislang aus Sicht der Unterstützerinnen und Unterstützer der Fridays for Future-Bewegung zu wenig für die Bekämpfung des Klimawandels getan haben. Dagegen sollte das Vertrauen in die Bereitschaft, Wahlversprechen umzusetzen, positiv mit Unterstützung von Fridays for Future zusammenhängen – denn nur, wenn Parteien ihre Zusagen aus der Perspektive der Anhängerinnen und Anhänger von Fridays for Future üblicherweise einhalten, wären etwaige Zugeständnisse an die Demonstrierenden etwas wert.

Empirisch zeigt sich zwar der erwartete Effekt des Vertrauens in die Wissenschaft, allerdings in recht geringem Maß (Tab. 5.2). Menschen, die der Wissenschaft mehr Vertrauen entgegenbringen, haben auch eine höhere Wahrscheinlichkeit, den Protesten der Friday for Future-Bewegung zuzustimmen. Dieser Effekt wird aber nur in den Modellen ohne Kontrolle für die Akzeptanz von Selbstermächtigung signifikant. Fügt man diese Variable den Modellen hinzu, verliert der Zusammenhang den signifikanten Erklärungswert.

Darüber hinaus finden wir auch den erwarteten Effekt des Einflusses des Vertrauens in die öffentlich-rechtlichen Medien auf Zustimmung zu den Fridays for Future-Protesten, in diesem Fall aber nur in einem der vier Modelle, in dem auch für Selbstermächtigungsakzeptanz sowie die Präferenz für Parteien kontrolliert wird, die den Klimawandel weniger stark auf der Agenda haben. Hier findet sich eine stärkere Zustimmung bei Menschen, die ein größeres Vertrauen in die öffentlich-rechtlichen Medien haben. Allerdings ist dieser Effekt offenkundig nicht robust.

Dass Vertrauen in die sozialen Medien einen positiven Effekt auf die Zustimmung zu den Fridays for Future-Protesten ausübt, ist unerwartet. Den statistischen Modellen zufolge stimmen die Befragten umso eher den Protesten zu, je stärker sie den sozialen Medien vertrauen. Möglicherweise kommt hier zum Tragen, dass Protestbewegungen wie Fridays for Future sich stark über soziale Netzwerke organisieren und die sozialen Medien für die Verbreitung ihrer Überzeugungen nutzen. Diese Interpretation wird auch von dem Befund nahegelegt, dass wir einen ähnlichen Effekt von sozialen Medien auch für die (Nicht-)Einhaltung der Corona-Regeln gefunden haben, obwohl sich sonst die Ergebnisse für die beiden von uns untersuchten Bereiche der Selbstermächtigung ganz erheblich unterscheiden. Allerdings sind es offenkundig sehr unterschiedliche Informationen, die Personen, die sich im Bereich Corona selbst ermächtigen und die Fridays for Future unterstützen, den sozialen Medien entnehmen und denen sie vertrauen.

Tab. 5.2 Der Einfluss des Vertrauens in Institutionen und Akteure auf die Zustimmung zu den Fridays for Future-Protesten

	Modell 1*	Modell 2*	Modell 3*	Modell 4*
Vertrauen Landtag	−0,031 (−0,075–0,013)	−0,033 (−0,079–0,013)	−0,029 (−0,063–0,015)	−0,033 (−0,078–0,013)
Vertrauen Landesregierung	−0,014 (−0,055–0,027)	−0,008 (−0,051–0,034)	−0,016 (−0,057–0,025)	−0,005 (−0,048–0,037)
Vertrauen Parteien	−0,015 (−0,045–0,016)	−0,017 (−0,049–0,016)	−0,010 (−0,041–0,022)	−0,010 (−0,043–0,023)
Politiker versuchen, Versprechen zu halten	0,027* (0,000–0,053)	0,032* (0,005–0,060)	0,023 (−0,003–0,050)	0,029* (0,001–0,056)
Demokratiezufriedenheit	−0,004 (−0,009–0,002)	−0,003 (−0,009–0,003)	−0,003 (−0,009–0,002)	−0,002 (−0,008–0,004)
Vertrauen Bundesverfassungsgericht	−0,022 (−0,005–0,049)	0,016 (−0,012–0,045)	0,018 (−0,009–0,045)	0,014 (−0,014–0,042)
Vertrauen Wissenschaft	0,037** (0,010–0,064)	0,024 (−0,005–0,052)	0,037** (0,010–0,064)	0,023 (−0,006–0,051)
Vertrauen öffentlich-rechtlicher Rundfunk	0,012 (−0,009–0,041)	0,023* (0,000–0,046)	0,013 (−0,009–0,034)	0,023 (0,000–0,046)
Vertrauen soziale Medien	0,013*** (−0,006–0,020)	0,012** (−0,004–0,020)	0,013*** (−0,006–0,021)	0,012** (−0,005–0,020)

*Anmerkung: Wiedergegeben sind die Schätzer (in Klammern die 95 % Konfidenzintervalle) der logarithmierten Verhältnisse für die vier berechneten Modelle mit allen im Text diskutierten Variablen. * p < 0,05; ** p < 0,01; *** p < 0,001, Signifikanzniveau berechnet mit dem Wald-Test*
Modell 1: Modell mit klimakritischen Parteien, Modell 2: Modell mit klimakritischen Parteien und Selbstermächtigungsakzeptanz, Modell 3: Modell mit weniger klimakritischen Parteien, Modell 4: Modell mit weniger klimakritischen Parteien und Selbstermächtigungsakzeptanz

Die meisten Koeffizienten für Vertrauen in politische Institutionen und Akteure bleiben dagegen insignifikant. Das ist, wie oben bereits diskutiert, wenig überraschend für das Vertrauen in Parteien. Auch die Tatsache, dass das Vertrauen ins Bundesverfassungsgericht keinen überzufälligen Einfluss auf die Unterstützung von Fridays for Future ausübt, erstaunt nicht, da ja die Strategie zur Herbeiführung von Politikwandel, die den Klimastreiks zugrunde liegt, auf den politischen Prozess, nicht die Gerichtsbarkeit zielt. Dass politische Institutionen im engeren Sinne keine Rolle spielen, liegt vermutlich zudem daran, dass wir das Vertrauen in Bundestag und Bundesregierung wegen der ausgeprägten Multikollinearität (s. Kap. 4) nicht ins Modell einbeziehen konnten und Landtage und Landesregierungen keine zentralen klimapolitischen Akteure sind und sich vor allem nicht einheitlich positionieren (können). Daher kommt auch hier das Ausbleiben eines signifikanten Effekts nicht unerwartet. Dagegen findet sich der erwartete signifikant positive Einfluss der Annahme, dass Politikerinnen und Politiker versuchen, ihre Wahlversprechen einzuhalten, auf die Akzeptanz der Friday for Future-Aktivitäten. Einschränkend ist allerdings geltend zu machen, dass der entsprechende Koeffizient nur in drei der vier Modelle signifikant wird, dagegen in Modell 3 der Prädiktor knapp die Signifikanzschwelle verpasst (p = 0.083).

5.4   Selbstwirksamkeit

In diesem Variablenblock haben wir die Variablen zusammengefasst, die sowohl das Interesse, Wissen und den Einblick in politische Zusammenhänge abbilden als auch die Überzeugung, Einfluss auf politische Entscheidungsprozesse zu haben. Während wir für die Corona-Selbstermächtigung die klare Vorhersage machen konnten, dass mit höherer Selbstwirksamkeit eine geringere Selbstermächtigung einhergeht, erwarten wir im Kontext der Fridays for Future-Proteste tendenziell entgegengesetzte Zusammenhänge. Personen, die glauben, Einblick in die wichtigsten politischen Probleme zu haben, und die ein gewisses Maß an Kenntnissen über das politische System haben, könnten auch besser als der Durchschnitt der Bürgerinnen und Bürger darüber informiert sein, dass die Wissenschaft dringlich fordert, den Klimawandel zu bekämpfen. Aus dieser Kenntnis heraus könnte eine Sympathie für die Friday for Future-Bewegung entstehen, die zu einem positiven Zusammenhang zwischen subjektivem oder objektivem politischen Wissen und der Unterstützung der Klimastreiks führen könnte.

Noch klarer sollte ein solcher Zusammenhang für politisches Interesse sein. Politisch Interessierte sollten gut über die öffentlichen Warnungen vor einer Klimakrise informiert sein; gleichzeitig weist die vergleichende Forschung darauf hin, dass politisch Interessierte „critical citizens" sind und insofern auch bereit sind, Regeln zu brechen (Ackermann und Zohlnhöfer 2021).

Dagegen sollten Bürgerinnen und Bürger, die glauben, keinen Einfluss auf das Handeln der Regierung zu besitzen, Fridays for Future eher reserviert gegenüberstehen. Selbst wenn solche Menschen mit den Zielen der Bewegung übereinstimmen, sollten sie kaum an entsprechenden Demonstrationen teilgenommen haben – schlicht, weil sie nicht der Auffassung sind, damit dem Klimaschutzziel zu dienen, weil sie ja annehmen, die Regierung verhalte sich nicht responsiv.

Tab. 5.3 Der Einfluss von Selbstwirksamkeits-Aspekten auf die Zustimmung zu den Fridays for Future-Protesten

	Modell 1*	Modell 2*	Modell 3*	Modell 4*
Politisches Interesse	0,010*** (0,006–0,015)	0,011*** (0,006–0,015)	0,010*** (0,006–0,014)	0,011*** (0,006–0,015)
Kein Einfluss auf Regierung	−0,019 (−0,025–0,006)	−0,011 (−0,027–0,005)	−0,008 (−0,023–0,008)	−0,010 (−0,026–0,006)
Einblick in politische Probleme	−0,016 (−0,039–0,007)	−0,013 (−0,037–0,011)	−0,014 (−0,037–0,009)	−0,011 (−0,036–0,013)
Politisches Wissen	0,103 (−0,071–0,277)	−0,055 (−0,128–0,239)	0,107 (−0,068–0,282)	0,1065 (−0,119–0,249)

*Anmerkung: Wiedergegeben sind die Schätzer (in Klammern die 95 % Konfidenzintervalle) der logarithmierten Verhältnisse für die vier berechneten Modelle mit allen im Text diskutierten Variablen. *** p < 0,001, Signifikanzniveau berechnet mit dem Wald-Test*
*Modell 1: Modell mit klimakritischen Parteien, Modell 2: Modell mit klimakritischen Parteien und Selbstermächtigungsakzeptanz, Modell 3: Modell mit weniger klimakritischen Parteien, Modell 4: Modell mit weniger klimakritischen Parteien und Selbstermächtigungsakzeptanz

Interessanter Weise findet sich empirisch lediglich für das politische Interesse der erwartete signifikant positive Effekt (Tab. 5.3). Das heißt also, dass mit zunehmendem selbsterklärten politischem Interesse die Wahrscheinlichkeit zunimmt, den Fridays for Future-Protesten zuzustimmen. Auch dass der Koeffizient für die Wahrnehmung fehlenden Einflusses auf das Regierungshandeln insignifikant ist, entspricht unseren Erwartungen. Dass objektives politisches Wissen keinen überzufälligen Einfluss auf die Unterstützung der Klimaschulstreiks zu haben scheint, könnte am gewählten Indikator liegen, der auf Wissen über das Institutionensystem abzielt (Zweitstimme), das nicht zwingend mit inhaltlichem Wissen über die Klimaschutzpolitik einhergehen muss. Dass das statistische Modell schließlich auch keinen Zusammenhang zwischen subjektivem Einblick in politische Probleme und der Unterstützung der Fridays for Future-Bewegung hat, kann verschiedene Gründe haben. Womöglich ist auch diese Frage zu wenig spezifisch, da sie nicht explizit nach Klimaproblemen fragt.

5.5 Problemlösungsfähigkeit des politischen Systems

Die Analyse der Wahrnehmung der Problemlösefähigkeit der Politik erfolgt auch für die Fridays for Future-Proteste an Hand der zentralen aktuellen Themen der deutschen Politik der letzten Jahre. Dabei erwarten wir natürlich in erster Linie, dass die Unterstützung der Fridays for Future-Proteste mit der Einschätzung der Problemlösefähigkeit im Bereich der Klimakrise erklärt werden kann. Zentraler Ausgangspunkt der Fridays for Future-Bewegung ist ja gerade das wahrgenommene Versagen der Regierung, den Klimawandel entschiedener zu bekämpfen. Insofern sollte die Unterstützung der Klimaschulstreiks einhergehen mit einer nennenswerten Unzufriedenheit mit der Klimapolitik der Bundesregierung, wir erwarten also einen signifikant negativen Effekt der wahrgenommenen Problemlösungsfähigkeit im Bereich der Klimapolitik und der Unterstützung von Fridays for Future. Für die übrigen Politikfelder sind die theoretischen Erwartungen weniger klar. Auf der einen Seite ließe sich der Klimastreik als Zeichen einer allgemeinen Unzufriedenheit mit den Leistungen des politischen Systems interpretieren – dann wären signifikant negative Zusammenhänge zu erwarten. Auf der anderen Seite aber ließe sich aus der themenbezogenen Protestform mit klar definiertem politischen Ziel auch ein grundsätzliches Vertrauen in die Lösungsfähigkeit des politischen Systems ableiten. Dann wären die Forderungen der Protestierenden als Aufforderung an die Regierenden zu verstehen, die grundsätzlich bestehende Fähigkeit, politische Probleme zu lösen, zukünftig verstärkt auf die Klimapolitik zu fokussieren. Dann wären positive Zusammenhänge zwischen der Zufriedenheit mit der Problemlösungsfähigkeit in anderen Politikfeldern und der Unterstützung von Fridays for Future zu erwarten.

Die Ergebnisse bestätigen unsere Erwartungen hinsichtlich der Unzufriedenheit der Unterstützerinnen und Unterstützer von Fridays for Future mit der Klimapolitik klar (Tab. 5.4). Je weniger die Befragten mit der Politik zur Lösung der Klimakrise zufrieden sind, umso eher unterstützen sie die Fridays for Future-Proteste. Dabei zeigen sich hier die bisher höchsten Odds-Ratios, d. h. der stärkste Einfluss eines Faktors auf die Unterstützung der Klimaproteste.

Daneben zeigen sich aber – im Gegensatz zu den Ergebnissen zur Selbstermächtigung im Fall Corona – deutliche Einflüsse der Zufriedenheit mit der Problemlösefähigkeit in anderen Problembereichen auf die Unterstützung der Schulstreiks, hier aber mit dem entgegengesetzten Vorzeichen. Sowohl für die Flüchtlingspolitik als auch für den Umgang mit der Bedrohung der Sicherheit des Landes als auch den Umgang mit der Corona-Pandemie zeigt sich ein positiver Zusammenhang. Das heißt, je zufriedener die Befragten in diesen Bereichen mit dem Handeln der Politik waren, desto eher unterstützen sie die Proteste der Fridays for Future-Bewegung. Auch wenn für den Bereich der sozialen Sicherung im Alter und die Eurokrise keine Zusammenhänge zu beobachten sind, kann man das Ergebnis dahingehend bewerten, dass die Unterstützer und Unterstützerinnen der Selbstermächtigung im Kontext von Fridays for Future generell eher davon ausgehen, dass die Politik durchaus in der Lage ist, Probleme zu lösen, dies aber explizit im Bereich der Klimakrise nicht tut.

Tab. 5.4 Der Einfluss der Einschätzung der Problemlösungsfähigkeit des politischen Systems auf die Zustimmung zu den Fridays for Future -Protesten

	Modell 1*	Modell 2*	Modell 3*	Modell 4*
Flüchtlingspolitik	0,059*** (0,038–0,081)	0,056*** (0,034–0,078)	0,059*** (0,038–0,080)	0,055*** (0,033–0,077)
Soziale Sicherung Älterer	−0,002 (−0,025–0,021)	0,000 (−0,024–0,024)	0,001 (−0,022–0,024)	0,005 (−0,019–0,029)
Bedrohungen für Deutschlands Sicherheit	0,035** (0,011–0,058)	0,039** (0,014–0,064)	0,034** (0,011–0,58)	0,037** (0,012–0,062)
Corona-Pandemie	0,035** (0,012–0,058)	0,027** (0,002–0,052)	0,045*** (0,021–0,068)	0,037** (0,012–0,062)
Klimawandel	−0,114*** (−0,137–−0,091)	−0,108*** (−0,133–−0,084)	−0,126*** (−0,149–−0,102)	−0,119*** (−0,143–−0,094)
Eurokrise	0,011 (−0,014–0,036)	0,009 (−0,017–0,035)	0,014 (−0,011–0,039)	0,010 (−0,016–0,036)

Anmerkung: Wiedergegeben sind die Schätzer (in Klammern die 95 % Konfidenzintervalle) der logarithmierten Verhältnisse für die vier berechneten Modelle mit allen im Text diskutierten Variablen. ** p < 0,01; *** p < 0,001, Signifikanzniveau berechnet mit dem Wald-Test
*Modell 1: Modell mit klimakritischen Parteien, Modell 2: Modell mit klimakritischen Parteien und Selbstermächtigungsakzeptanz, Modell 3: Modell mit weniger klimakritischen Parteien, Modell 4: Modell mit weniger klimakritischen Parteien und Selbstermächtigungsakzeptanz

5.6 Parteipräferenzen

Für die Analyse, inwieweit Parteipräferenzen die Zustimmung zu den Klimastreiks erklären, kann man klare Vorhersagen treffen. Insbesondere die Grünen werden von den Wählerinnen und Wähler als besonders kompetent in der Umwelt- und Klimapolitik gesehen und die Partei hat sich auch in ihren Programmen stets stark für den Klimaschutz eingesetzt. Besonders interessant ist zudem eine Analyse der Reaktionen der einzelnen im Bundestag vertretenen Parteien auf die Fridays for Future-Proteste. Eine Auswertung der Twitter-Kommunikation von fachlich einschlägigen Abgeordneten aller im Bundestag vertretenen Parteien kommt dabei nämlich zu dem Ergebnis, dass sich die Abgeordneten der Grünen, der Linke, aber auch der SPD wohlwollend über die Proteste geäußert, deren Legitimität und Kompetenz betont und teilweise sogar zur Teilnahme aufgerufen haben (Raisch und Zohlnhöfer 2020). Entsprechend nehmen wir an, dass die Anhängerinnen und Anhänger der eher linken Parteien die Proteste eher unterstützen sollten. Dagegen erwarten wir, dass die Anhängerinnen und Anhänger der anderen im Bundestag vertretenen Parteien, die sich in der Twitter-Kommunikation eher reserviert gegenüber den Klimastreiks geäußert haben, diese ebenfalls eher ablehnen. Genauso ist davon auszugehen, dass die Nichtwählerinnen und Nichtwähler eher die Proteste ablehnen. Für die Wähler und Wählerinnen von nicht im Bundestag vertretenen Parteien treffen wir dagegen keine Vorhersage, da es sich hier um Personen mit einem ausgesprochen diversen Spektrum politischer Ansichten handelt.

Die empirischen Ergebnisse bestätigen die theoretischen Vorhersagen durchgehend und der Erklärungswert der Parteienpräferenz stellt insgesamt den mit Abstand größten Effekt dar (Tab. 5.5). Wie erwartet weisen Anhängerinnen und Anhänger der Grünen, der Linken und, in etwas geringerem Maße, der SPD eine deutlich höhere Wahrscheinlichkeit auf, den Klimastreiks positiv gegenüberzustehen. Auf der anderen Seite zeigen Anhänger und Anhängerinnen der AfD, der CDU/CSU und, etwas weniger stark ausgeprägt, der FDP sowie auch Nichtwählerinnen und Nichtwähler eine deutlich höhere Wahrscheinlichkeit, die Fridays for Future-Proteste abzulehnen. Aber auch die Befragten, die einer nicht im Bundestag vertretene Partei nahestehen, lehnen die Klimaproteste eher ab.

Tab. 5.5 Der Einfluss von Parteipräferenzen auf die Zustimmung zu den Fridays for Future-Protesten

	Modell 1*	Modell 2*	Modell 3*	Modell 4*
Bündnis 90/Die Grünen	1,324*** (1,084–1,564)	1,312*** (1,084–1,564)		
Die Linke	1,064*** (0,770–1,358)	0,969*** (0,661–1,276)		
SPD	0,455*** (0,194–0,716)	0,441** (0,166–0,715)		
FDP			−0,545** (−0,938−−0,153)	−0,608** (−1,011−−0,205)
CDU/CSU			−1,052*** (−1,209−−0,835)	−1,044*** (−1,271−−0,817)
AfD			−1,092*** (−1,449−−0,736)	−1,159*** (−1,533−−0,784)
Andere Partei			−0,397** (−0,736−−0,058)	−0,324 (−0,686–0,039)
Nichtwähler/innen			−1,037*** (−1,334−−0,741)	−1,020*** (−1,346−−0,693)

*Anmerkung: Wiedergegeben sind die Schätzer (in Klammern die 95 % Konfidenzintervalle) der logarithmierten Verhältnisse für die vier berechneten Modelle mit allen im Text diskutierten Variablen. ** p < 0,01; *** p < 0,001, Signifikanzniveau berechnet mit dem Wald-Test*
*Modell 1: Modell mit klimakritischen Parteien, Modell 2: Modell mit klimakritischen Parteien und Selbstermächtigungsakzeptanz, Modell 3: Modell mit weniger klimakritischen Parteien, Modell 4: Modell mit weniger klimakritischen Parteien und Selbstermächtigungsakzeptanz

5.7 Interpersonelles Vertrauen und Verschwörungsmentalität

Auch in die Analysen zu den Klima-Protesten gingen wieder unsere Persönlichkeits-Dispositionen ein. Allerdings können wir weder in Bezug auf das interpersonelle Vertrauen noch auf die Verschwörungsmentalität Vorhersagen machen, ob und in welcher Richtung diese die Zustimmung zu den Schulstreiks beeinflussen. Man könnte zwar argumentieren, dass Narrative von Wirtschafts-Eliten, die eine effektive Bekämpfung der Klimaerwärmung verhindern, durchaus einen Widerhall unter Befürwortern der Proteste finden; auf der anderen Seite könnte aber genauso argumentiert werden, dass nicht zu erwarten ist, dass Menschen, die von sich behaupten, dass sie wissenschaftliche Erkenntnisse rezipieren und diese in ihre Entscheidung einbeziehen, gleichzeitig empfänglich sind für Verschwörungs-Ideen.

Tatsächlich findet sich in keinem Modell ein Effekt für die Verschwörungsmentalität, die somit keinerlei Erklärungswert für die Zustimmung zu den Fridays for Future-Protesten aufweist (Tab. 5.6). Im Gegensatz dazu findet sich in allen Modellen ein signifikanter Effekt des interpersonellen Vertrauens. Mit zunehmendem Vertrauen in die Mitmenschen steigt auch die Wahrscheinlichkeit, den Fridays for Future-Protesten zuzustimmen. Man könnte diesen Zusammenhang dahingehend interpretieren, dass interpersonelles Vertrauen ein Ausdruck einer prosozialen Grundhaltung ist, die durch gute gesellschaftliche Integration, Solidarität und geringe Angst vor den Mitmenschen gekennzeichnet ist. Fasst man den Klima-Wandel als etwas auf, das die Menschheit als Ganzes

Tab. 5.6 Der Einfluss von interpersonellem Vertrauen und Verschwörungsmentalität auf die Zustimmung zu den Fridays for Future -Protesten

	Modell 1*	Modell 2*	Modell 3*	Modell 4*
Interpersonelles Vertrauen	0,160** (0,044–0,276)	0,132* (0,008–0,255)	0,161** (0,045–0,278)	0,138* (0,014–0,262)
Verschwörungsmentalität	0,010 (−0,036–0,057)	−0,001 (−0,051–0,049)	0,011 (−0,036–0,058)	0,001 (−0,050–0,051)

Anmerkung: Wiedergegeben sind die Schätzer (in Klammern die 95 % Konfidenzintervalle) der logarithmierten Verhältnisse für die vier berechneten Modelle mit allen im Text diskutierten Variablen. * p < 0,05; ** p < 0,01, Signifikanzniveau berechnet mit dem Wald-Test
*Modell 1: Modell mit klimakritischen Parteien, Modell 2: Modell mit klimakritischen Parteien und Selbstermächtigungsakzeptanz, Modell 3: Modell mit weniger klimakritischen Parteien, Modell 4: Modell mit weniger klimakritischen Parteien und Selbstermächtigungsakzeptanz

oder auch unser gesellschaftliches Zusammenleben bedroht, so ist es naheliegend, dass gerade Menschen, die eine prosoziale Orientierung aufweisen, die FFF-Selbstermächtigung unterstützen.

5.8   Einstellung zur Selbstermächtigung

Schlussendlich berichten wir noch den Effekt der Einstellung zur Selbstermächtigung. Hier sollten die Befragten angeben, ob sie glauben, dass man sich immer an Gesetze halten muss oder es Situationen gibt, in denen man sich aus Gewissensgründen über die Gesetze hinwegsetzen darf. Angesichts der Tatsache, dass zumindest das zentrale Instrument der Fridays for Future-Bewegung, die Schulstreiks, eine Verletzung von Gesetzen darstellt, erwarten wir, dass Menschen, die dieser Aussage zustimmen, eher die Klimastreiks befürworten. Diese Annahme können wir in den Modellen 2 und 4 prüfen (Tab. 5.7). In beiden Modellen findet sich ein signifikanter Effekt in der erwarteten Richtung. Demnach tendieren Menschen, die der Auffassung sind, man müsse sich immer an Gesetze halten, zu einer Ablehnung der Fridays for Future-Proteste – naheliegender Weise wohl, weil sie die Verletzung der Schulpflicht ablehnten. So waren über 78 % der Befragten, die meinten, man müsse sich immer an Gesetze halten, auch der Auffassung, die Schulpflicht haben gegenüber den Klimaprotesten Vorrang. Umgekehrt neigen Menschen, die es in Ausnahmesituationen auch für gerechtfertigt halten, gegen Gesetze zu verstoßen, eher zur Unterstützung der Klimaproteste.

Tab. 5.7 Der Einfluss der Einstellung zur Selbstermächtigung auf die Zustimmung zu den Fridays for Future-Protesten

	Modell 1*	Modell 2*	Modell 3*	Modell 4*
Einstellung zur Selbstermächtigung	Nicht im Modell enthalten	0,306** (0,105–0,507)	Nicht im Modell enthalten	0,318** (0,116–0,520)

Anmerkung: Wiedergegeben sind die Schätzer (in Klammern die 95 % Konfidenzintervalle) der logarithmierten Verhältnisse für die vier berechneten Modelle mit allen im Text diskutierten Variablen. ** p < 0,01, Signifikanzniveau berechnet mit dem Wald-Test
*Modell 1: Modell mit klimakritischen Parteien, Modell 2: Modell mit klimakritischen Parteien und Selbstermächtigungsakzeptanz, Modell 3: Modell mit weniger klimakritischen Parteien, Modell 4: Modell mit weniger klimakritischen Parteien und Selbstermächtigungsakzeptanz

5.9   Zusammenfassung

Fasst man die Befunde der einzelnen Variablen-Blöcke zusammen, so findet sich ein recht konsistentes Bild. Menschen, die mit der Selbstermächtigung im Kontext der Fridays for Future-Schulstreiks eher einverstanden sind, sind jünger, vertrauen eher der Wissenschaft, sind aber auch eher bereit, den politischen Akteuren, ihren Mitmenschen, sozialen Medien zu vertrauen und sind grundsätzlich mit der Performanz der Politik bei der Lösung von Problemen zufrieden – allerdings mit Ausnahme der Klimakrise. Sie stehen insbesondere den Parteien aus dem linken Spektrum nahe, haben ein größeres Interesse an der Politik und akzeptieren es, in Ausnahmesituationen, Gesetze zu übertreten – und sie sind offenbar der Auffassung, dass die Klimakrise eine solche Ausnahme rechtfertigt. Insgesamt entwirft sich das Bild von „critical citizens", die durchaus an die Veränderbarkeit von Politik innerhalb des Systems glauben und deren Zustimmung oder ihre Beteiligung an der Selbstermächtigung im Kontext der Schulstreiks der Erwartung entspringt, Veränderungen der politischen Entscheidungen herbeiführen zu können und nicht das politische System verändern zu müssen. Dies passt auch gut zu den Appellen und Gesprächsversuchen der Protagonisten und Protagonistinnen der Fridays for Future-Bewegung an und mit Politikerinnen und Politikern.

Literatur

Ackermann, Kathrin, und Reimut Zohlnhöfer. 2021. *Playing by the rules – Individual and contextual determinants of abiding by the laws.* Paper für die 27. International Conference of Europeanists 21.–25.6.2021.

Brant, Rollin 1990. Assessing proportionality in the proportional odds model for ordinal logistic regression. *Biometrics* 46(4): 1171–1178.

Dalton, Russell. 2004. *Democratic challenges, democratic choices: The erosion of political support in advanced industrial democracies.* Oxford: Oxford University Press.

Dalton, Russell. 2015. *The Good Citizen: How a Younger Generation Is Reshaping American Politics.* Washington: CQ Press.

Norris, Pippa (Hrsg.). 1999. *Critical citizens: global support for democratic government.* New York: Oxford University Press.

O'Connell, Ann A. 2006. *Logistic regression models for ordinal response variables.* Thousand Oaks: Sage.

Raisch, Judith, und Reimut Zohlnhöfer. 2020. Beeinflussen Klima-Schulstreiks die politische Agenda? Eine Analyse der Twitterkommunikation von Bundestagsabgeordneten. *Zeitschrift für Parlamentsfragen* 51(3): 667–682.

Diskussion: Zwischen Repräsentationslücke und Verschwörungsglaube

6

6.1 Instrumentelle vs. expressive Selbstermächtigung

Die Ergebnisse unserer statistischen Analysen zeigen, so lassen sich die vorangegangenen Kapitel zusammenfassen, dass die Personen, die sich an den Fridays for Future-Protesten beteiligt haben oder diese billigen, sich erheblich von solchen Personen unterscheiden, die sich gegen die Corona-Strategie der deutschen Politik stellen – ein Befund übrigens, der auch bereits deskriptiv in Kap. 3 ins Auge gefallen war, als wir nämlich einen negativen statistischen Zusammenhang zwischen Selbstermächtigung im Bereich Corona und im Bereich Fridays for Future fanden und wir feststellten, dass sich unter unseren rund 2.400 Befragten niemand findet, der sich in striktem Sinne sowohl im Bereich Corona als auch im Bereich Fridays for Future selbstermächtigt.

Unsere statistischen Ergebnisse gehen über diesen deskriptiven Befund jedoch weit hinaus, ermöglichen sie uns doch, gewisse Eigenschaften von Menschen, die zu Selbstermächtigung im einen oder im anderen Bereich neigen, herauszuarbeiten. Dabei sei aber betont, dass dies natürlich gewissermaßen „durchschnittliche" Eigenschaften sind, also keineswegs alle Menschen, die Fridays for Future unterstützen oder sich im Bereich Corona gegen die Regierungsstrategie positionieren, diese Eigenschaften aufweisen müssen.

Wir haben gefunden, dass Menschen, die Klimaschulstreiks unterstützen und ggf. daran teilgenommen haben, politisch und gesellschaftlich als integriert gelten können. Sie sind jung, politisch interessiert, vertrauen der Wissenschaft und sozialen Medien, aber sie vertrauen auch darauf, dass Politiker versuchen, ihre Wahlversprechen zu halten. Sie sind zufrieden mit der Problemlösungsfähigkeit des politischen Systems, allerdings mit der wichtigen Ausnahme der

P. Kirsch et al., *Gesellschaftliche Selbstermächtigung in Deutschland*, https://doi.org/10.1007/978-3-658-39087-7_6

Klimaschutzpolitik, was womöglich ein Grund dafür ist, dass sie eher zu Parteien links der Mitte neigen. Zudem weisen sie ein hohes Vertrauen zu ihren Mitmenschen auf. Dagegen fehlen praktisch alle Hinweise darauf, dass diese Menschen von der Politik entfremdet sein könnten: Weder ist die Wahrnehmung der eigenen politischen Selbstwirksamkeit eingeschränkt noch finden sich Hinweise auf Unzufriedenheit mit dem Funktionieren der Demokratie oder auf die Wahl von Protest- oder Antisystemparteien. Daraus ergibt sich ein sehr konsistentes Bild von Menschen, die gut ins politische System integriert sind, an dessen Problemlösungsfähigkeit sie grundsätzlich glauben, auch wenn sie konkret im Fall der Klimaschutzpolitik offenbar deutlichen Nachholbedarf sehen. Doch offenbar glauben diese Menschen, dass das System hinreichend responsiv ist, um auch auf das Klimaproblem reagieren zu können, wobei unkonventionelle nicht-institutionalisierte politische Partizipation in Form der Klimaschulstreiks offenbar als angemessen betrachtet wird, in Übereinstimmung mit einer überdurchschnittlichen Akzeptanz von Selbstermächtigung. Daher lässt sich die Unterstützung von Fridays for Future als Versuch interpretieren, mithilfe der Schulstreiks dem Klimathema mehr politische Aufmerksamkeit zu verschaffen. Diese Interpretation wird unterstützt vom Befund der Studie von Priska Daphi und Ko-Autoren (2021: 14–15), wonach über die Hälfte der Teilnehmenden an Fridays for Future-Demonstrationen der Auffassung ist, mit ihren Aktionen die Politik beeinflussen zu können – im Vergleich zu Teilnehmerinnen und Teilnehmern an anderen Demonstrationen ein hoher Anteil.

Umgekehrt scheinen die Menschen, die die deutsche Corona-Strategie ablehnen, dem politischen System weitgehend entfremdet zu sein. Zwar finden wir auch hier, dass Ältere sich eher an die Regeln halten als Jüngere, und dass Corona-Kritikerinnen und -Kritiker ebenso wie FFF-Unterstützerinnen den sozialen Medien vertrauen – doch dürften die Befragten bereits hier vermutlich sehr unterschiedliche Informationsquellen im Sinn gehabt haben. Darüber hinaus sind die Corona-Skeptiker aber nicht nur unzufrieden mit der Corona-Politik und halten die Corona-Einschränkungen für nicht gerechtfertigt, sondern ihr demokratisches und rechtsstaatliches Vertrauen ist insgesamt gering. Insbesondere die Demokratiezufriedenheit ist systematisch niedriger als bei den anderen Befragten. Das bedeutet aber nichts anderes, als dass sich in der Skepsis gegenüber der Corona-Strategie von Bund und Ländern nicht nur eine Ablehnung der konkreten Maßnahmen, die sich ja ändern ließen, oder der jeweiligen Regierung, die abgewählt werden könnte, zeigt, sondern auch eine Entfremdung vom politischen System als Ganzem (dazu auch Schäfer und Zürn 2021). Und dieses Misstrauen erstreckt sich auch auf die Wissenschaft und die öffentlich-rechtlichen Medien.

In dieses Grundmisstrauen passt dann auch der Befund, dass unter Corona-Skeptikerinnen die Verschwörungsmentalität wesentlich weiter verbreitet und das interpersonelle Vertrauen deutlich geringer ausgeprägt sind als beim Durchschnitt der Befragten. Anders als bei den Fridays for Future-Protestierenden, denen es um die Beeinflussung einer konkreten Politik geht, signalisieren demnach die Corona-Skeptiker mit ihrem Verhalten ihre allgemeine Entfremdung vom politischen System, während die Corona-Maßnahmen eher den Anlass als die Ursache der Selbstermächtigung darstellen dürften.

Für die Frage nach den Gründen für und Folgen von Selbstermächtigung bedeutet dies allerdings, dass es nicht die eine Form von Selbstermächtigung gibt. Vielmehr deuten unsere Befunde darauf hin, dass es (mindestens) zwei Arten von Selbstermächtigung gibt, die wir auch begrifflich unterscheiden sollten. Daher schlagen wir vor, zwischen expressiver und instrumenteller Selbstermächtigung zu differenzieren. *Expressive Selbstermächtigung* ist normabweichendes politisches Verhalten, mit dem die betreffende Person ihre Unzufriedenheit nicht nur mit bestimmten politischen Maßnahmen und der amtierenden Regierung, sondern mit dem Funktionieren der Demokratie und des politischen Systems als Ganzem zum Ausdruck bringt. Insofern wäre also die Selbstermächtigung im Zusammenhang mit den Corona-Maßnahmen als expressive Selbstermächtigung zu bezeichnen. Dagegen verstehen wir unter *instrumenteller Selbstermächtigung* normabweichendes Verhalten von Personen, die der Demokratie positiv gegenüberstehen, ihre Politikziele aber durch unkonventionelle und nicht-institutionalisierte politische Partizipation zu unterstützen versuchen, wie wir dies empirisch im Fall Fridays for Future vorgefunden haben.[1]

Wir gehen davon aus, dass instrumentelle Selbstermächtigung demokratietheoretisch zunächst unproblematisch ist. Dissens auszudrücken und auf politische Veränderungen hinzuwirken, gehört zweifellos zum Wesen der Demokratie. Die Regelübertretungen dienen in diesen Fällen in erster Linie dazu, größere mediale

---

[1] Auf der Basis der Befragung von Teilnehmerinnen und Teilnehmern verschiedener Demonstrationen in Deutschland zwischen 2003 und 2020 kommen Daphi et al. (2021) zu einer ähnlichen Unterscheidung. Ihre desillusionierten Kritiker („disenchanted critics") zeichnen sich durch geringes politisches Vertrauen, geringe Zufriedenheit mit der Demokratie und geringere Selbstwirksamkeit aus und gleichen damit unseren expressiven Selbstermächtigern. Dagegen weisen die sogenannten selbstbewussten Kritiker („confident critics") hohes politisches Vertrauen, hohe Demokratiezufriedenheit und ein großes Maß an Selbstwirksamkeit auf, ganz ähnlich unserem Typ der instrumentellen Selbstermächtiger. Ein Beispiel für confident critics sind entsprechend auch Teilnehmende an Fridays for Future-Demonstrationen, während Corona-Demonstrationen von Daphi und Kollegen nicht untersucht wurden.

Aufmerksamkeit für die Forderungen zu erhalten – eine Strategie, die üblicherweise auch aufgeht, selbst wenn man sie aus einer Regeleinhaltungsperspektive bedauern mag. Gleichwohl handelt es sich aber ex definitione um eng begrenzte Regelverletzungen, mit denen in keiner Weise die Akzeptanz des politischen Systems, ja oft nicht einmal der verletzten Regel selbst, in Frage gestellt wird.

Ganz anders stellt sich die Situation bei der expressiven Selbstermächtigung dar. Ihr Auftreten ist ein klares Warnsignal für das demokratische politische System, weist sie doch darauf hin, dass zumindest die Gesellschaftsmitglieder, die auf expressive Selbstermächtigung zurückgreifen, ein erhebliches Maß an politischer Entfremdung erleben, die sie mit ihrem regelverletzenden Verhalten gewissermaßen dokumentieren. Die Entwicklung von Maßnahmen zur Reduktion expressiver Selbstermächtigung stellt daher eine wichtige gesellschaftliche Herausforderung dar, um eine weitere Ausbreitung dieser Form des Protests zu verhindern und damit einer Destabilisierung unseres demokratischen Systems entgegenzuwirken. Zur Entwicklung solcher Maßnahmen greift aber der Befund, es handele sich um einen Ausdruck der politischen Entfremdung, zu kurz. Wir müssen Ursachen dieser in den frühen 2020er Jahren zu beobachtenden Entfremdung aufklären, um ihrer Zunahme entgegenzuwirken. Aus unserer Sicht stellt die in den Merkel-Jahren zu konstatierende Parteienkonvergenz und die damit verbundene Repräsentationslücke eine mögliche Ursache der politischen Entfremdung und damit der expressiven Selbstermächtigung eines Teils der Gesellschaft dar. Wenngleich dieser Teil der Bevölkerung nach unseren Daten vergleichsweise klein ist, wird in der Literatur doch ein Mobilisierungspotenzial von zehn bis zwanzig Prozent der Gesellschaft attestiert (Grande et al. 2021: 8).

6.2   Parteienkonvergenz und die Repräsentationslücke

Konzeptioneller Ausgangspunkt für die folgenden Überlegungen ist die Zufriedenheit der Befragten mit dem Funktionieren der Demokratie in Deutschland. Dieser Ausgangspunkt liegt theoretisch-konzeptionell nahe, weil sich politische Entfremdung ja gerade in Unzufriedenheit mit dem demokratischen politischen System, und eben nicht lediglich in Unzufriedenheit mit einzelnen politischen Maßnahmen oder der Regierung niederschlagen sollte. Ein Rückgriff auf die Demokratiezufriedenheit ist zudem empirisch in Bezug auf unsere Ergebnisse plausibel, weil wir zeigen konnten, dass Demokratiezufriedenheit mit der Einhaltung von Corona-Regeln zusammenhängt, also Menschen, die die Corona-Maßnahmen nicht akzeptieren, auch weniger zufrieden mit dem Funktionieren der Demokratie sind. Dagegen hängt Demokratiezufriedenheit nicht systematisch mit der Unterstützung der Fridays for Future-Bewegung zusammen. Schließlich ist das Funktionieren der Demokratie auch ein etabliertes sozialwissenschaftliches Konstrukt, was es uns ermöglicht, unsere eigenen Ergebnisse mit Befunden der Forschung abzugleichen und zu ergänzen.

Wir gehen im Folgenden der These nach, dass sich in der Unzufriedenheit mit dem Funktionieren der Demokratie auf Seiten der Menschen, die mit den Corona-Regeln nicht einverstanden sind, die Wahrnehmung einer sogenannten Repräsentationslücke (Jörke und Selk 2015; Merkel 2017; Patzelt 2017) niedergeschlagen haben könnte, im Sinne der These von Grande et al. (2021: 15–16), dass die „vernachlässigte Mitte" die Corona-Proteste unterstützt habe (allgemeiner zu dieser These Schäfer und Zürn 2021). Wie auch in Teilen der internationalen Literatur – z. B. sprechen auch Bakker et al. (2020: 292) in Bezug auf ein vergleichbares Phänomen von „representational gap" – soll mit diesem Begriff rein deskriptiv das – empirisch messbare – Fehlen einer parlamentarischen Repräsentation von Meinungen benannt werden, die in nennenswerten Teilen der Bevölkerung vorhanden sind. Um von einer Repräsentationslücke sprechen zu können, müsste sich zum einen eine Konvergenz der politischen Positionen der etablierten Parteien in bestimmten, hoch salienten Politikfeldern sowie zum anderen ein Auseinanderfallen der (konvergierenden) Parteipositionen und der Präferenzen eines Teils der Bevölkerung konstatieren lassen.

Gab es eine so definierte Repräsentationslücke in salienten Politikfeldern im Deutschland der Merkel-Jahre? Insbesondere bei der Bewältigung der Eurokrise zwischen 2009 und 2015 können entsprechende Zusammenhänge empirisch sehr gut nachgezeichnet werden, weil einerseits eine größere Zahl namentlicher Abstimmungen im Bundestag zu verschiedenen Maßnahmen der Eurorettung stattgefunden hat und andererseits Daten aus Bevölkerungsumfragen zu den abgestimmten Themen vorliegen. Abb. 6.1 stellt für eine Reihe von einschlägigen Maßnahmen der Jahre 2010 (EFSF), 2011 (Aufstockung EFSF), 2012 (Einrichtung ESM und Fiskalpakt) und 2015 (3. Griechenland-Paket) die Abstimmungsergebnisse im Bundestag den Ergebnissen von Bevölkerungsumfragen des Politbarometers der Forschungsgruppe Wahlen gegenüber.

Auffallend an den Daten ist, dass sich im Bundestag zu sämtlichen Maßnahmen breite Mehrheiten fanden, die weit über den Kreis der jeweiligen Koalitionsparteien hinausgingen. Während sich bei der Abstimmung über die Beteiligung an der EFSF im Mai 2010 die damaligen Oppositionsparteien SPD und Grüne zumindest enthielten und nur die Linke gegen das Gesetz stimmte, unterstützten SPD und Grüne mit wenigen Ausnahmen die Aufstockung der EFSF (September 2011), die Einrichtung des ESM und den Fiskalvertrag (beide Juni 2012). Nur die Linke stimmte weiterhin geschlossen gegen sämtliche Gesetze.

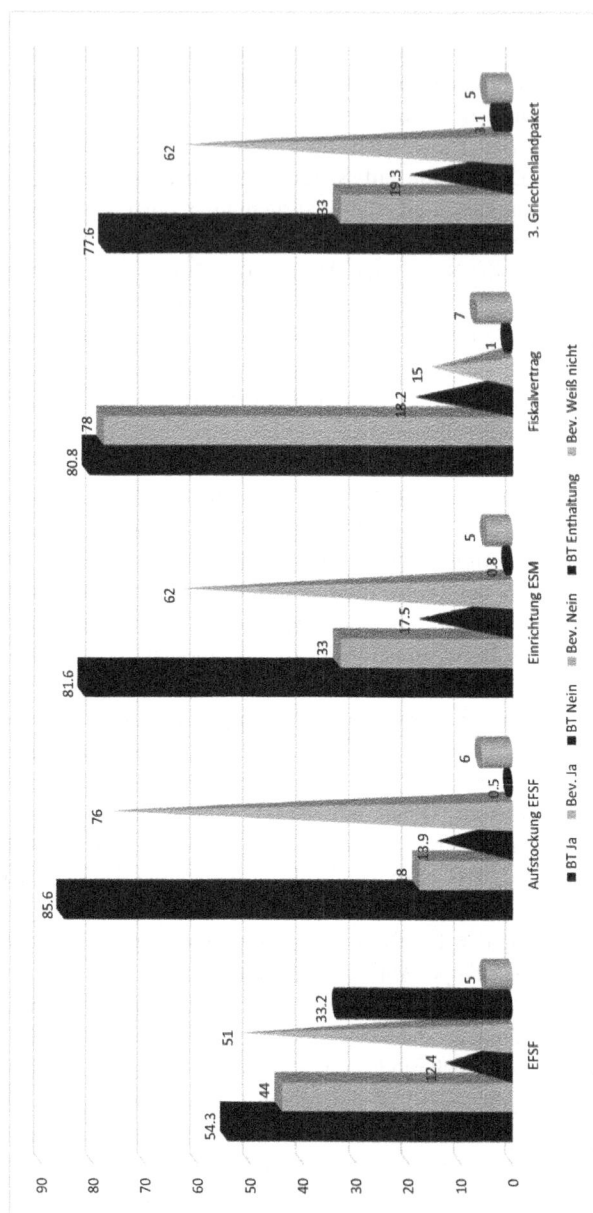

Abb. 6.1 Abstimmungsergebnisse im Bundestag und Bevölkerungseinstellung zu Themen der Eurorettung. (Quellen: für die Abstimmungsergebnisse im Bundestag: PlPr. 17/44, 21.5.2010, S. 4443 (EFSF); PlPr. 17/130, 29.9.2011, S. 15.236 (Aufstockung EFSF); PlPr. 17/188, 29.06.2012, S. 22.740 (Einrichtung ESM); PlPr. 17/188, 29.06.2012, S. 22.736 (Fiskalvertrag); PlPr. 18/118, 19.08.2015, S. 11.487 (3. Griechenlandpaket); für die Bevölkerungsdaten: Politbarometer Mai 2010 (EFSF); September I 2011 (Aufstockung EFSF; September I 2012 (Einrichtung ESM und Fiskalvertrag); August 2015 (3. Griechenlandpaket))

Nach dem Regierungswechsel 2013 und dem Ausscheiden der FDP aus dem Bundestag änderte sich am Abstimmungsverhalten der im Bundestag verbliebenen Parteien nichts. Auch die weiterhin oppositionellen Grünen stimmten dem 3. Griechenland-Paket zu (August 2015), während die Linke bei ihrer Ablehnung blieb. Entsprechend finden wir im Bundestag Zustimmungsraten von oft über 80 % und – noch wichtiger – Ablehnung von jeweils weniger als 20 % der Abgeordneten, also erhebliche Konvergenz. Zudem kam die Ablehnung von Ausnahmen abgesehen zum einen von Abweichlern aus den Koalitionsfraktionen. Das betraf beim Fiskalpakt die SPD-Fraktion, bei den übrigen Abstimmungen insbesondere die Unionsfraktion, die beim 3. Griechenland-Paket sogar die größte Gruppe der mit Nein Stimmenden stellte. Zum anderen kam die Ablehnung von der jeweils (mit Ausnahme des dritten Griechenland-Pakets) geschlossen stimmenden Linken. Während der Dissens in der Union allerdings mit der Sorge begründet wurde, dass die Krisenländer ihre Haushalte zu wenig konsolidierten, lehnte die Linke die Gesetze ab, weil sie die darin aus ihrer Sicht zum Ausdruck kommende Austeritätspolitik nicht mittragen mochte.

Deutlich anders waren die Präferenzen in der Bevölkerung verteilt. Mit Ausnahme des Fiskalpaktes findet sich für keine Maßnahme eine Mehrheit, ja alle übrigen Maßnahmen wurden von einer Mehrheit der Befragten abgelehnt, oft mit breiten Mehrheiten, wie insbesondere im Fall der Aufstockung der EFSF, gegen die sich mehr als drei Viertel der Befragten aussprachen. Umgekehrt ist die sehr hohe Zustimmung zum Fiskalpakt mit 78 % der Befragten bemerkenswert. Die Tatsache, dass die Befragten offenbar striktere fiskalpolitische Regeln für die EU-Mitgliedstaaten breit befürworteten, wie sie mit dem Fiskalvertrag beschlossen wurden, legt die Interpretation nahe, dass die Ablehnung der übrigen Maßnahmen der Eurorettung nicht – wie etwa bei der Linken – als Ablehnung einer europäischen Austeritätspolitik zu verstehen ist, sondern eher als Ablehnung einer stärkeren finanziellen Involvierung der Bundesrepublik in die sogenannte Staatsschuldenkrise. Trifft diese Interpretation zu, gab es für die Mehrheit der Befragten keine Partei im Bundestag, die ihre politischen Vorstellungen repräsentierte – und das in einem Politikfeld, das zu den jeweiligen Zeitpunkten von den Wählerinnen und Wählern als eines der größten Probleme der deutschen Politik betrachtet wurde.[2] Die Regierungs- wie die meisten Oppositionsparteien stimmten für die

---

[2] Laut Politbarometer der Forschungsgruppe Wahlen betrachteten im Mai 2010 zwar nur 16 % der Befragten die Eurokrise als eines der beiden wichtigsten Probleme in Deutschland. Im September 2011 lag dieser Anteil dann allerdings bei 40 bzw. 42 %, im Juni 2012 bei 41 % und im August 2015 bei 36 %. Um die Bundestagsabstimmungen herum lag die öffentliche Aufmerksamkeit teilweise noch höher, so etwa im Oktober 2011 bei 63 %, im Juli 2012 bei 54 % und im Juli 2015 bei 49 %. Zwischen Juli 2011 und Januar 2013 (mit

von der Bevölkerung mehrheitlich abgelehnten Maßnahmen, die Linke lehnte die Maßnahmen offenbar aus anderen Gründen als die Mehrheit der skeptischen Bürgerinnen und Bürger ab, und die verbleibenden Dissidenten im Bundestag, im Wesentlichen aus den Reihen der CDU/CSU-Fraktion, bildeten in ihrer Partei eine deutliche Minderheit. Erst 2013 etablierte sich die eurokritische AfD, die allerdings bis 2017 nicht im Bundestag vertreten war.

Ein ähnliches Muster dürfte auch die Migrationspolitik im Rahmen der sogenannten Flüchtlingskrise im Jahr 2015 geprägt haben – wenngleich dieses Muster weniger gut mit Daten zu untermauern ist, weil es zur Hinnahme der Zuwanderung einer sehr großen Zahl von Flüchtlingen keine Abstimmung im Bundestag gab. Dennoch geht aus der einschlägigen Literatur klar hervor, dass insbesondere die im Bundestag vertretenen Parteien, neben den Koalitionspartnern CDU/CSU und SPD auch die Linke und die Grünen, den Kurs in der Flüchtlingspolitik unterstützten – wenngleich gegen den massiven Widerstand der allerdings zu diesem Zeitpunkt noch außerparlamentarischen AfD (Alexander 2017; Engler et al. 2019). Zugleich zeigen Umfragen des DeutschlandTrends von Infratest dimap zwischen Oktober 2015 und April 2016 eine mehrheitliche Ablehnung dieser Politik in der Bevölkerung. So sagten in den entsprechenden fünf Umfragen zwischen 39 und 42 % der Befragten, dass sie zufrieden oder sehr zufrieden mit der Flüchtlingspolitik der Bundesregierung seien, während zwischen 57 und 60 % der Befragten angaben, mit dieser Politik weniger oder gar nicht zufrieden zu sein (Infratest dimap 2016: 14) – und zwar einer Politik, die wiederum von allen im Bundestag vertretenen Parteien getragen wurde. Auch hier lässt sich damit festhalten, dass die Mehrheitsposition der Bevölkerung wohl nicht im Bundestag repräsentiert war. Wiederum handelte es sich dabei um eine in der Öffentlichkeit höchst saliente Politik, die nach den Daten des Politbarometers zwischen September 2014 und Mai 2019 mit Ausnahme des Juli 2015 von den Befragten stets als das wichtigste Problem der deutschen Politik wahrgenommen wurde, und zwar in der Regel von einer sehr großen Mehrheit der Befragten. In der Zeit zwischen Oktober 2015 und April 2016, für die die Daten des DeutschlandTrend eine mehrheitlich skeptische Einschätzung der Flüchtlingspolitik der Bundesregierung durch die Bürgerinnen und Bürger belegen, sahen zwischen 75 und 88 % der Befragten des Politbarometers die Migration als eines der zwei wichtigsten Probleme in Deutschland an.

Ausnahme der Monate März und April 2012) sowie im März/April 2013 und im Juli 2015, und damit auch im Zeitraum der fraglichen Abstimmungen, führte die Eurokrise sogar die Liste der wichtigsten Probleme an.

Damit finden wir bei den beiden zentralen Herausforderungen der Zeit zwischen 2010 und 2019, der Eurorettung und der Flüchtlingspolitik, eine starke parteipolitische Konvergenz zwischen den im Bundestag repräsentierten Parteien. Das gilt zwar für die Linke bei der Eurorettungspolitik nicht uneingeschränkt, da sie durchgehend gegen die einschlägigen Maßnahmen stimmte. Aber mit ihrer Ablehnung einer von ihr wahrgenommenen europäischen Austeritätspolitik repräsentierte sie vermutlich nicht die Mehrheit der skeptischen Bürgerinnen und Bürger, die wohl eher eine stärkere finanzielle Involvierung der Bundesrepublik bei der Lösung der Eurokrise fürchteten, wie sich an der breiten Zustimmung zum Fiskalpakt zeigt.

Auch die Bearbeitung der Corona-Krise, die, wie wir schon in Kap. 3 sahen, für die ganz überwiegende Mehrheit der deutschen Wählerinnen und Wähler in den Jahren 2020 und 2021 von größter Bedeutung war, könnte schließlich zur Vorstellung einer breiten programmatischen Übereinstimmung der etablierten Parteien beigetragen haben. Aufgrund der Mehrebenenstruktur des deutschen Föderalismus dürfte es vielen Menschen schwergefallen sein auszumachen, welcher Ebene und damit in vielen Fällen auch welcher Partei sie die Verantwortung für (vermeintliche) Politikfehler zuschreiben sollen. Da alle etablierten Parteien an den Entscheidungen beteiligt zu sein schienen – eine Wahrnehmung, die durch die zunehmende Rolle der Ministerpräsidentenkonferenz (Behnke 2021) mutmaßlich noch verstärkt wurde – und klare Alternativen schwer (wenn überhaupt) erkennbar waren, dürfte sich die Wahrnehmung von programmatischer Konvergenz verstärkt haben.

Große Differenzen in der programmatischen Positionierung der etablierten deutschen Parteien zur Bekämpfung der Corona-Pandemie konnten allerdings auch politikwissenschaftliche Expertinnen und Experten im Vorfeld der Bundestagswahl 2021 nicht erkennen (Jankowski et al. 2022). Über 300 Expertinnen und Experten verorteten dabei die deutschen Parteien in Bezug auf verschiedene Politikfelder. Hinsichtlich der Corona-Politik sollten die Parteipositionen auf einer Skala von 1 bis 20 bestimmt werden, und zwar einerseits in Bezug auf den Zielkonflikt zwischen Gesundheitsschutz und Einschränkungen von Freiheiten, wobei niedrige Werte eine Priorisierung der Gesundheit anzeigen; und andererseits in Bezug auf die Betonung von staatlicher oder Eigenverantwortung, wobei niedrige Werte implizieren, dass die entsprechende Partei dem Staat eine wichtige Rolle zuweist.

Die durchschnittliche Einordnung der Bundestagsparteien findet sich in Abb. 6.2. Auch hier zeigt sich eine weit verbreitete Übereinstimmung zwischen den etablierten Parteien. Hinsichtlich der Priorisierung des Gesundheitsschutzes trennen Grüne, SPD, CDU/CSU und Linke nur gut 1,5 Punkte auf der 20er Skala,

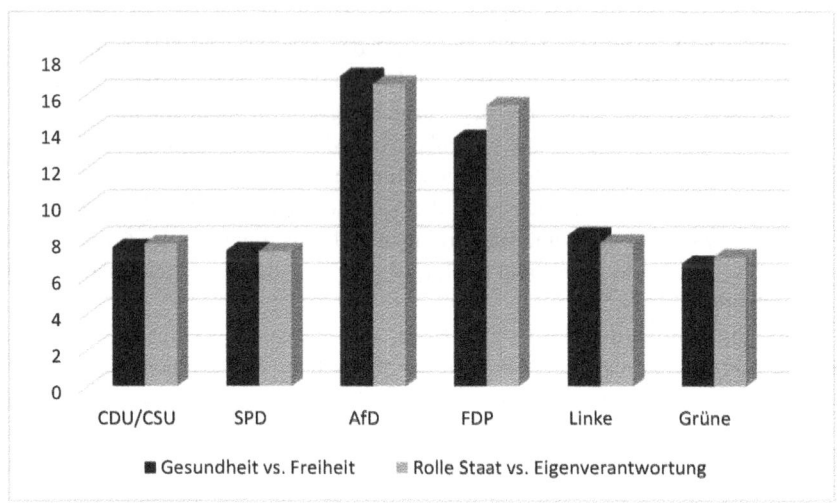

Abb. 6.2 Parteipositionen zur Corona-Politik. (Quelle: eigene Darstellung, Daten aus Jan-kowski et al. 2022)

bei der Rolle des Staates ist die Distanz zwischen diesen vier Parteien mit 0,8 Skalenpunkten sogar noch geringer. Während diese Parteien zudem durchgehend tendenziell den Gesundheitsschutz priorisierten und dem Staat eine bedeutende Rolle zusprachen, findet sich die AfD jeweils nahe an den entgegengesetzten Polen der Skala und damit weit entfernt von den etablierten Parteien. Allerdings ist im Fall der Corona-Politik die Position der FDP herauszuheben, die eben-falls signifikant stärker als die übrigen etablierten Parteien die Freiheitsrechte auch gegen den Gesundheitsschutz priorisierte und auf mehr Eigenverantwortung setzte.

Im Gegensatz zu den beiden zuvor betrachteten Politikfeldern finden wir aller-dings in Bezug auf Corona zumindest in unserem Untersuchungszeitraum keine mehrheitliche Ablehnung der Politik. Unsere Befragten zeigten sich vielmehr zu beiden Befragungszeitpunkten mehrheitlich zufrieden mit der politischen Bewäl-tigung der Corona-Pandemie, wenngleich mit abnehmender Tendenz: Im Sommer 2020 hatten sich noch mehr als zwei von drei Befragten (68,3 %) zufrieden mit den Maßnahmen zur Eindämmung der Pandemie gezeigt, bei acht Prozent Unent-schiedenen und 23,5 % Unzufriedenen, während die Zustimmung im folgenden Winter auf 55,8 % sank (acht Prozent unentschieden, 35,9 % Ablehnung) – aber eben immer noch die Mehrheit der Befragten umfasste.

Konvergenz über die Parteien hinweg zeigte sich darüber hinaus aber auch in anderen Politikfeldern, wobei es in aller Regel die CDU/CSU war, die ihre vormals stärker konservativen Positionen aufgab (Oppelland 2019), etwa – mit großer Unterstützung der Wählerinnen und Wähler – beim Mindestlohn und in der Atompolitik (Zohlnhöfer und Engler 2015), aber auch in der Familienpolitik, bei der Wehrpflicht und bei der gleichgeschlechtlichen Ehe, die die Partei zwar nicht unterstützte, für deren Verabschiedung sie aber den Weg freimachte, indem sie die Abstimmung zu einer Gewissensentscheidung erklärte und sich so ihrer Vetomacht begab. Das bedeutet, dass die Unionsparteien in den 2010er Jahren an vielen Stellen ihre ursprünglich konservativ-autoritären gesellschaftspolitischen Positionen revidierten. Die Migrationspolitik ist hier sicherlich zwar das spektakulärste, aber eben nicht das einzige Beispiel. Geschuldet war diese programmatische Revision seitens der Christdemokraten sicherlich wenigstens teilweise bestimmten externen Schocks und der Notwendigkeit, Koalitionen in Abwesenheit einer Mehrheit mit dem „natürlichen" Koalitionspartner FDP zu finden. Die programmatischen Veränderungen könnten aber eine „vernachlässigte Mitte" (Grande et al. 2021: 15–16) unter den Wählerinnen und Wählern hinterlassen haben, die auf den genannten Wandel mit Entfremdung von der Politik und dem demokratischen System reagiert haben könnte, wie wir im folgenden Abschnitt diskutieren.

6.3 Die Repräsentationslücke und Demokratiezufriedenheit

Was haben diese Entwicklungen mit der Zufriedenheit der Bürgerinnen und Bürger mit dem Funktionieren der Demokratie zu tun? Folgt man der neueren einschlägigen Literatur, spielt die Wahrnehmung eine wichtige Rolle, ob sich die programmatischen Positionen der etablierten Parteien unterscheiden oder nicht. Während Wählerinnen und Wähler begrenzte, aber erkennbare Parteiendifferenzen präferieren, führt zwar auch die Wahrnehmung großer Polarisierung zwischen den wichtigsten Parteien eines Parteiensystems zu abnehmender Demokratiezufriedenheit; doch die Wahrnehmung, die Parteien unterschieden sich überhaupt nicht, wiegt erheblich schwerer, etwa um den Faktor 5–6 (Ridge 2022; vgl. auch Torcal und Magalhães 2022). Allerdings gilt dieser Zusammenhang nicht für alle Bürgerinnen in gleicher Weise. Vielmehr sind es vor allem Bürger, die keiner (etablierten) Partei nahestehen und die sich von keiner Partei repräsentiert fühlen, bei denen die Effekte der Parteienkonvergenz auf die Demokratieunzufriedenheit besonders prominent sind (Ridge 2022). Andere

Studien unterstreichen diesen Befund. So zeigen Bakker et al. (2020), dass Bürgerinnen und Bürger zu politischer Entfremdung („disaffection") neigen, wenn substanziell-inhaltliche Repräsentationslücken („representational gaps") existieren, also große Differenzen bestehen zwischen der individuellen Position eines Bürgers oder einer Bürgerin und den Positionen der im Parlament vertretenen Parteien. Dabei spielen gesellschaftspolitische Fragen wie Migration und Europa eine erhebliche Bedeutung. Im deutschen Fall der 2010er Jahre könnte die Parteienkonvergenz insbesondere bei einem Teil eher konservativ-autoritär orientierter Wähler und Wählerinnen zur Wahrnehmung einer Repräsentationslücke geführt haben, die sich nach der Liberalisierung der gesellschaftspolitischen Positionen der Unionsparteien im Bundestag von keiner Partei mehr repräsentiert gefühlt haben könnten. Dagegen dürften die Effekte kaum bei eher links-libertär orientierten Wählerinnen und Wählern aufgetreten sein, die zwar womöglich auch Konvergenz, aber kein Repräsentationsdefizit wahrgenommen haben sollten.

Gleichzeitig belegen neuere Befunde auch die theoretisch ohnehin naheliegende Annahme, dass die Wahl von Antisystemparteien positiv mit der (wahrgenommenen) Konvergenz der Mainstream-Parteien korreliert (Grant 2021, Spoon und Klüver 2019; vgl. auch Bakker et al. 2020). Der offensichtlich mit der Euro-, vor allem aber mit der Migrationskrise einhergehende Aufstieg der AfD (z. B. Engler et al. 2019: 320–321; Franzmann 2019: 339–342) belegt dieses Argument für den deutschen Fall eindrücklich. Es spricht also einiges dafür, dass die programmatische Konvergenz der etablierten Parteien in der Bundesrepublik in sehr vielen zentralen Politikfeldern und die Linksverschiebung der Union insbesondere in der Gesellschaftspolitik zu einer Repräsentationslücke geführt haben, die vor allem Wählerinnen und Wähler mit gesellschaftspolitisch konservativ-autoritären Präferenzen wahrgenommen haben könnten. Dieser Teil des Elektorats dürfte sich dann der AfD als Protest- und Antisystempartei zugewandt oder gar nicht gewählt haben.

Allerdings scheint, so das Ergebnis einer neueren empirischen Untersuchung, die Wahl einer Protestpartei die zunehmende Unzufriedenheit mit der Demokratie nicht kompensieren zu können – zumindest solange nicht, wie die Wählerinnen und Wähler dieser Protestpartei davon ausgehen müssen, dass die von ihnen gewählte Partei keine Chance besitzt, ihre Positionen erfolgreich in den politischen Prozess einzuspeisen (Hobolt et al. 2021), ja, manche Studien argumentieren sogar, dass die Wahl populistischer Parteien die Unzufriedenheit noch verstärkt (Rooduijn et al. 2016). Gleichzeitig erweisen sich Wählerinnen und Wähler, die Parteien zuneigen, die nie an die Regierung gelangt sind, als besonders unzufrieden mit der Demokratie und diese Menschen schätzen die Responsivität des politischen Systems als besonders schlecht ein (Anderson et al. 2005: 153) – offenkundig, weil ihre Präferenzen von diesem System nicht berücksichtigt werden. Auf den deutschen Fall übertragen bedeutet dies, dass die Demokratiezufriedenheit von Menschen, die die AfD wählen, weil sie sich von den etablierten Parteien nicht repräsentiert fühlen, selbst dann nicht signifikant zunimmt, wenn die von ihnen gewählte Partei ins Parlament einzieht – und zwar solange, wie die Partei aus dem Koalitionsspiel ausgeschlossen bleibt, was in Deutschland hinsichtlich der AfD der Fall ist.

Unsere Befragungsdaten erlauben es, diese Überlegungen wenigstens indirekt zu überprüfen. Dazu haben wir eine lineare Regression mit der Variable, die die Zufriedenheit mit dem Funktionieren der Demokratie in Deutschland misst, als abhängige, also zu erklärende Variable verwendet. Neben einer Reihe von Kontrollvariablen, nämlich Geschlecht, Alter, Bildung, Wohnort in West- oder Ostdeutschland, Politikinteresse, Links-Rechts-Selbsteinstufung, subjektiver Einblick in politische Probleme, Vertrauen in Politiker, Verschwörungsmentalität und interpersonelles Vertrauen sowie eine Kontrolle für die Befragungsrunde, haben wir die Zufriedenheit mit der Problemlösung in sechs Politikfeldern als erklärende Variablen aufgenommen.

Wenn die These von der Repräsentationslücke richtig ist, müsste sich zeigen, dass einerseits niedrigere Zufriedenheit mit der Eurorettungspolitik sowie der Flüchtlingspolitik, aber auch der Corona-Politik mit niedrigerer Demokratiezufriedenheit einhergeht. Das bedeutet, dass wir für diese Variablen einen signifikant positiven Koeffizienten erwarten. Natürlich gilt grundsätzlich immer, dass sich Unzufriedenheit mit politischen Entscheidungen eher negativ auf die Zufriedenheit mit dem System auswirken sollte, das diese Entscheidungen trifft. Gleichzeitig erwarten wir aber, dass die Befragten zwischen der Zufriedenheit mit einzelnen Politiken, mit der Regierung und mit dem demokratischen System unterscheiden. Notwendigerweise fallen viele politische Entscheidungen nicht so, wie wir uns das wünschen, doch die wenigsten dieser Entscheidungen nehmen wir zum Anlass, das demokratische System als Ganzes infrage zu stellen. Entsprechend sollte die Zufriedenheit mit dem Funktionieren der Demokratie vor allem von solchen Politiken in Mitleidenschaft gezogen werden, die den Befragten besonders wichtig sind und wo sie sich besonders schlecht repräsentiert fühlen. Das gilt vor allem für Entscheidungen, die zeitlich schon etwas zurückliegen wie im Fall der Eurorettungs- und der Migrationspolitik.

Wenn vor allem Menschen mit konservativ-autoritären gesellschaftspolitischen Präferenzen sich nicht (mehr) repräsentiert fühlen, sollte sich auch ein positiver Zusammenhang zwischen der Zufriedenheit mit dem Umgang mit Bedrohungen für Deutschlands Sicherheit und der Demokratiezufriedenheit ergeben. Die Politik der inneren und äußeren Sicherheit ist ein wichtiges Item für gesellschaftspolitisch konservativ-autoritäre Personen und könnte daher gut die mögliche

Entfremdung dieser Menschen auch jenseits der hoch salienten Krisen abbilden. Demnach wäre zu erwarten, dass konservativ-autoritäre Menschen unzufrieden mit der Sicherheitspolitik sind und diese Unzufriedenheit sich dann auch in der Zufriedenheit mit dem Funktionieren der Demokratie als Ganzer niederschlägt.

Wenn umgekehrt die Fridays for Future-Befürworterinnen und Befürworter zwar unzufrieden mit der Klimapolitik sind, aber nicht mit dem Funktionieren der Demokratie, müsste sich für diesen Zusammenhang tendenziell – und unter Kontrolle für die genannten Drittvariablen – ein insignifikanter Koeffizient ergeben – die Demokratiezufriedenheit sollte nicht durch die Unzufriedenheit mit der Klimapolitik getrübt sein, sondern es sollte die Überzeugung herrschen, dass die Demokratie responsiv genug ist, auch auf die Klimakrise zu reagieren.

Schließlich ist zu vermerken, dass unser Argument sich auf die gesellschaftspolitische Konfliktlinie bezieht. Daher sollte sich kein oder allenfalls ein schwacher Zusammenhang zwischen der Zufriedenheit mit der sozialen Absicherung älterer Menschen (als klassischem sozio-ökonomischem Item) und Demokratiezufriedenheit finden – die Unzufriedenheit mit diesem Thema sollte sich weniger als die mit gesellschaftspolitischen Themen in Unzufriedenheit mit der Demokratie niederschlagen, weil es, unserem Argument zufolge, für sozialpolitische Fragen politische Repräsentanten gibt, die auch eine hinreichend plausible Chance haben, in Deutschland an die Regierung gelangen zu können.

In die Regression konnten die Daten von 2.372 Befragten aufgenommen werden und die Varianzaufklärung liegt bei 60,2 %. Die Kontrollvariablen zeigen im Wesentlichen die zu erwartenden Einflussrichtungen und sind überwiegend signifikant (vgl. Tab. 6.1). So gehen höheres Alter, höhere Bildung und ein Wohnort in Westdeutschland ebenso mit höherer Demokratiezufriedenheit einher wie politisches Interesse, Vertrauen darin, dass Politiker ihre Versprechen halten oder Vertrauen zu den Mitmenschen. Wenig überraschend geht zunehmende Verschwörungsmentalität mit geringerer Demokratiezufriedenheit einher, während die Koeffizienten für den subjektiven Einblick in politische Probleme und die Selbstverortung auf der Links-Rechts-Skala die Signifikanzschwelle verfehlen, wobei zumindest die Vorzeichen in die erwartete Richtung geht, nämlich, dass Menschen, die sich politisch links einstufen, tendenziell zufriedener mit dem Funktionieren der Demokratie sind.

Für unsere Untersuchung von größerer Bedeutung sind allerdings die Befunde zu den Effekten der Zufriedenheit mit der Problemlösungsfähigkeit in den unterschiedlichen Politikfeldern. Und tatsächlich finden unsere Erwartungen insgesamt sehr deutliche Bestätigung. Kaum überraschend hat die Zufriedenheit mit der Corona-Politik den stärksten Effekt, erkennbar am betragsmäßig größten der sechs Koeffizienten. Demnach sind Menschen, die mit dem Corona-Management

Tab. 6.1
Bestimmungsfaktoren der
Zufriedenheit mit dem
Funktionieren der
Demokratie

Konstante	3,313
	3,367
Alter	0,066**
	(0,023)
Geschlecht	-0,265
	(0,693)
Bildung	0,955***
	(0,226)
Politikinteresse	0,065***
	(0,016)
Einblick in politische Probleme	-0,142
	(0,089)
Politiker versuchen, Versprechen zu halten	0,825***
	(0,095)
Links-rechts	-0,133
	(0,090)
Erste oder zweite Befragung	1,982***
	(0,694)
Westdeutschland	5,094***
	(0,957)
Verschwörungsmentalität	-1,342***
	(0,178)
Interpersonelles Vertrauen	1,595***
	(0,463)
Flüchtlingspolitik	0,331***
	(0,087)
Soziale Sicherung Älterer	0,179
	(0,092)
Bedrohungen für Deutschlands Sicherheit	0,618***
	(0,093)
Corona-Pandemie	1,255***
	(0,085)
Klimawandel	-0,150
	(0,086)
Eurokrise	0,669***
	(0,099)

Anmerkung: In Klammern Standardfehler. $* p < 0,05$; $** p < 0,01$; $*** p < 0,001$

nicht zufrieden waren, auch weniger zufrieden mit dem Funktionieren der Demokratie als Ganzer. Das ist insofern nicht überraschend, als die Befragungen zu einer Zeit durchgeführt wurden, als die Corona-Krise im Mittelpunkt der öffentlichen Aufmerksamkeit stand und die Menschen auch unmittelbar in ihrem Alltagsleben massiv von der Corona-Politik beeinflusst wurden. Dass sich dann die Zufriedenheit mit dieser Politik auch auf die Demokratiezufriedenheit niederschlägt, ist wenig verwunderlich – entspricht aber natürlich unseren Erwartungen.

Der nächstgrößere, wiederum signifikant positive Effekt findet sich für die Bewältigung der Eurokrise. Dieses Ergebnis unterstützt die These von der Repräsentationslücke, legt es doch nahe, dass Menschen, die mit der Politik zur Rettung des Euros noch 2020 unzufrieden waren, obwohl die Eurokrise ihren (vorläufig) letzten Höhepunkt schon im Jahr 2015 hatte, auch systematisch unzufriedener mit dem Funktionieren der Demokratie sind. In die gleiche Richtung weist der ebenfalls hochsignifikante, allerdings deutlich kleinere Koeffizient für die Zufriedenheit mit der Bewältigung der Flüchtlingskrise. Wenngleich die Tatsache überrascht, dass der Effekt der (Un)Zufriedenheit mit der Migrationspolitik nur halb so groß ist wie der der Zufriedenheit mit der Europapolitik, spricht das Ergebnis insgesamt doch für die These von der Repräsentationslücke: Die (Un)Zufriedenheit mit der Europa- und Migrationspolitik hat auch noch Jahre nach dem Abflauen der jeweiligen Krisen einen systematischen Einfluss auf die Demokratiezufriedenheit. Das ist sehr gut vereinbar mit der These, dass gerade diejenigen, die die genannten Politiken ablehnten, aber keine wirksamen politischen Repräsentanten für ihre Position fanden, systematisch unzufriedener mit dem Funktionieren der Demokratie sind.

Ebenfalls einen signifikant positiven Zusammenhang, der sogar größer als der für die Flüchtlingskrise ist, weist die Zufriedenheit mit dem Umgang mit sicherheitspolitischen Bedrohungen auf. Auch dieser Befund legt nahe, dass die Gesellschaftspolitik für die Zufriedenheit mit dem Funktionieren der Demokratie besonders wichtig ist – womöglich eben, weil hier eine Repräsentationslücke besteht, die systematisch zu Unzufriedenheit bei Menschen führt, deren politische Position von keiner etablierten Partei vertreten wird. Dafür spricht auch, dass der Koeffizient für die Zufriedenheit mit der Rentenpolitik (knapp) statistische Signifikanz verfehlt, die Zufriedenheit mit sozialpolitischen Maßnahmen also keinen systematischen Einfluss auf die Demokratiezufriedenheit auszuüben scheint. Wiederum ließe sich dieser Befund dahingehend interpretieren, dass die (Un)Zufriedenheit mit Sozialpolitik sich eben gerade deshalb weniger auf die Demokratiezufriedenheit auswirkt, weil die parteipolitischen Positionen in der

Sozialpolitik im Jahr 2020 weniger stark konvergiert haben als in der Gesellschaftspolitik[3] und entsprechend den Unzufriedenen politische Alternativen mit realistischen Chancen einer Regierungsbeteiligung zur Verfügung stehen. Alternativ ließe sich dieser Befund damit erklären, dass die Befragten der Sozialpolitik im Durchschnitt ein geringeres Gewicht bei der Bewertung der Demokratie in Deutschland beimaßen.

Schließlich verfehlt auch der Koeffizient für die Zufriedenheit mit der Klimapolitik statistische Signifikanz. Schon dieser Befund bestätigt unsere Erwartungen, aber noch interessanter ist das Vorzeichen des Koeffizienten, das nämlich negativ ist! Das bedeutet, dass, wenn überhaupt ein Zusammenhang zwischen Zufriedenheit mit der Klimapolitik und Zufriedenheit mit der Demokratie besteht, dieser negativ ist, Menschen also umso zufriedener mit der Demokratie sind, je unzufriedener sie mit der Klimapolitik sind. Da der Koeffizient statistische Signifikanz verfehlt, wenn auch nur knapp ($p = 0{,}081$), sollte man das Ergebnis nicht substanziell interpretieren. Aber dennoch zeigt es, dass Menschen, die unzufrieden mit der Klimapolitik sind, deswegen keineswegs unzufrieden mit dem Funktionieren der Demokratie sind – ganz im Gegensatz zu Menschen, die unzufrieden mit dem Corona-Management, der Eurorettungspolitik, der Flüchtlings- und der Sicherheitspolitik sind!

Die bislang vorgestellten Ergebnisse bleiben substanziell unverändert, wenn man statt für die Links-Rechts-Selbsteinschätzung der Befragten für ihre Wahlabsicht kontrolliert oder Vertrauen in unterschiedliche Medien zusätzlich aufnimmt. Auch bei getrennter Betrachtung der beiden Befragungen ändern sich die Ergebnisse mit einer Ausnahme nicht. Lediglich die Zufriedenheit mit der sozialen Sicherung Älterer wird in der ersten Befragung signifikant. Wichtiger noch ist eine andere Kontrolle, nämlich die nach der wirtschaftlichen Situation der Befragten. Dazu haben wir zunächst untersucht, wie sich der Status als Arbeitslose bzw. Kurzarbeitende auswirkt. Wir finden weder einen direkten Effekt von Arbeitslosigkeit auf die Demokratiezufriedenheit noch verändert die Inkludierung dieser Variable den Effekt der Variablen, die die Zufriedenheit mit der politischen Problemlösungsfähigkeit messen. Darüber hinaus haben wir zusätzlich zur und anstelle der Arbeitslosigkeitsvariable auch die Variable in die Regression aufgenommen, die die Veränderung der wirtschaftlichen Situation der Befragten infolge der Pandemie abbildet. Da wir diese Frage nur in der zweiten Befragung

---

[3] Dies gilt zumindest für die späten 2010er Jahre. In der zweiten Hälfte der 2000er Jahre, insbesondere nach den weitreichenden Hartz-Reformen der zweiten Regierung Schröder, dürfte sehr wohl die Wahrnehmung einer wirtschafts- und sozialpolitischen Parteienkonvergenz geherrscht haben, die sich in der Bildung der Linken auch im (westdeutschen) Parteiensystem niederschlug.

gestellt haben, beziehen sich die Ergebnisse daher auch allein auf die Situation im November/Dezember 2020. Wenig überraschend geht mit einer Verschlechterung der eigenen wirtschaftlichen Situation eine geringere Zufriedenheit mit dem Funktionieren der Demokratie einher. Gleichzeitig hat die Inklusion dieser Variable aber keine Auswirkungen darauf, wie sich die Zufriedenheit mit der Problemlösungsfähigkeit der Politik in den unterschiedlichen Bereichen auf die Demokratiezufriedenheit auswirkt. Dass Unzufriedenheit mit der Europa- und Flüchtlingspolitik auch zu einer Unzufriedenheit mit dem Funktionieren der Demokratie in Deutschland generalisiert wird, während dies bei Unzufriedenheit mit der Klima- und der Sozialpolitik nicht der Fall ist, ist also unabhängig von der wirtschaftlichen Situation der Befragten.

6.4   Die Repräsentationslücke aus psychologischer Sicht

Fragt man sich, wie sich das Phänomen der Repräsentationslücke und seine Auswirkungen aus psychologischer Sicht beschreiben lässt, so scheinen zwei, durchaus miteinander in Verbindung stehende Aspekte eine wichtige Rolle zu spielen, die soziale Exklusion und das Gefühl mangelnder Kontrolle.

Menschen, die sich nicht repräsentiert fühlen, erleben einen *Kontrollverlust*. Sie haben das Gefühl, keinen Einfluss auf wichtige Entscheidungen, die ihr eigenes Leben betreffen, zu haben. Damit verlieren sie aber auch ein Stück weit die Kontrolle über diese Entscheidungen. Dieses Gefühl des Kontrollverlustes wird in unvorhersehbaren Krisen, wie sie die Corona-Pandemie darstellt, nochmals stärker, da hier ja auch objektiv gesehen die Vorhersage, was den Menschen in der nahen Zukunft erwartet, nicht mehr sicher gelingt. Eine Möglichkeit, sich einer Angst vor Kontrollverlust zu entziehen, ist die Suche nach einfachen, die überkomplexe Realität vereinfachenden Erklärungen. Solche Erklärungen stellen sog. Verschwörungstheorien dar.

In der Psychologie der Verschwörungs-Theorien wird die Funktion von Verschwörungsmythen zur Wiedererlangung von Kontrolle als ein entscheidender Mechanismus diskutiert. Douglas und Kollegen (2017) fassen das Phänomen unter dem Begriff des „epistemischen Motivs" zusammen, bei dem es darum geht, unerklärliche Ereignisse durch das Finden kausaler Erklärungen kontrollierbar zu machen. Der Einfluss mangelnder Kontrolle auf die Bildung von illusionären Überzeugungen kann sogar bereits auf der Wahrnehmungs-Ebene gezeigt werden. Whitson und Galinsky (2008) fanden, dass ein experimentell indizierter Verlust von Kontrolle zu einer Zunahme illusionärer Wahrnehmung führt. Interessanterweise führte der Verlust von Kontrolle in dieser Arbeit auch zu einer Zunahme von Verschwörungs-Überzeugungen. Den Zusammenhang zwischen gerade auch politischer Unkontrollierbarkeit und Verschwörungstheorien bestätigte auch eine Studie von Kofta und Kollegen (2020), die sich mit der Entstehung antisemitischer Verschwörungstheorien beschäftigten und zeigen konnten, dass es spezifisch die politische Unkontrollierbarkeit und nicht die politische Unsicherheit war, die zu einer Zunahme von antisemitischen Verschwörungs-Mythen führt. Historisch kann gezeigt werden, dass auch gerade soziale Krisen, die charakterisiert sind durch plötzliche, kaum zu kontrollierende Veränderungen, zu einer Zunahme von Verschwörungs-Mythen führen (van Prooijen und Douglas 2017). Diese Verschwörungsmentalität wiederum korreliert in unserer Untersuchung wie gesehen mit Selbstermächtigung in Bezug auf die Corona-Maßnahmen. Daher legen diese Studien nahe, dass die von der Repräsentationslücke ausgelöste Wahrnehmung eines Kontrollverlusts über die zunehmende Wahrscheinlichkeit, an Verschwörungs-Mythen zu glauben, zu einer Zunahme expressiver Selbstermächtigung geführt haben könnte.

Hinsichtlich der Bedeutung *sozialer Exklusion* konnte z. B. gezeigt werden, dass das Gefühl, dass die grundlegenden Werte der Gesellschaft nicht mehr geteilt werden, die sog. Bedrohung der Systemidentität, eine Triebfeder von Verschwörungstheorien zu sein scheint (Federico et al. 2018). Darüber hinaus erhöht eine geringe soziale Einbindung und ein unsicherer Bindungsstil sowie auch soziale Exklusion die Anfälligkeit für Verschwörungs-Erzählungen (Freeman und Bentall 2017; Koroma et al. 2022). Gleichzeitig hat man gerade in der Corona-Pandemie gesehen, dass unter den Verschwörungs-Anhängern ein starker sozialer Zusammenhalt entstanden ist, der das Bedürfnis nach Bindung und sozialer Inklusion bedient und damit offensichtlich die Überzeugung, zu den wenigen „Erleuchteten" zu gehören, massiv verstärkt.

In einer kürzlich veröffentlichten Studie zum Zusammenhang zwischen politischen Einstellungen und der Verschwörungsmentalität (Imhoff et al. 2022), die über 100.000 Befragte in 26 Ländern untersuchte, zeigte sich unter anderem, dass die Verschwörungsmentalität bei Anhängern von Oppositionsparteien stärker ausgeprägt ist als bei Anhängern von Parteien, die an der Regierung beteiligt sind. Für die Ausprägung der Verschwörungsmentalität scheint es also wichtig zu sein, inwieweit ein Mensch das Gefühl hat, dass seine Überzeugungen in politische Entscheidungen umgesetzt werden – was gut mit dem Argument aus der politikwissenschaftlichen Forschung zusammenpasst, dass Anhängerinnen und Anhänger von Parteien, die dauerhaft nicht an die Regierung gelangen, besonders unzufrieden mit der Demokratie sind. Auch wenn in dieser Studie Menschen, die sich im politischen System wenig oder gar nicht repräsentiert fühlen, nicht explizit untersucht wurden, kann man die Ergebnisse daher als indirekte Unterstützung

für einen Zusammenhang zwischen Repräsentationslücke und Verschwörungs-
mentalität interpretieren. Sowohl die mangelnde Repräsentation als auch die
Anhängerschaft einer Partei, die nicht an der Regierung beteiligt sind, bedin-
gen beim Individuum das Gefühl, einerseits ausgeschlossen aus den politischen
Prozessen zu sein und andererseits (und damit zusammenhängend) keinen Ein-
fluss bzw. keine Kontrolle über politische Entscheidungen zu haben. Auch diese
Befunde unterstützen demnach unsere Annahme, dass das Gefühl mangelnder
Kontrolle und der sozialen Exklusion die Mechanismen zu sein scheinen, die den
Zusammenhang zwischen der Repräsentationslücke, der Verschwörungsmentalität
und letztlich der expressiven Selbstermächtigung vermitteln.

Daher postulieren wir ein – zugegebenermaßen vereinfachtes – Modell, wie
die Repräsentationslücke über das Gefühl der mangelnden Kontrolle und der
sozialen Exklusion zu einer Verstärkung expressiver Selbstermächtigung führt
(Abb. 6.3). Eine empirische Prüfung des Modells kann im Rahmen dieses Buches
allerdings nicht geleistet werden und muss zukünftiger Forschung überlassen
bleiben. Darüber hinaus enthält das Modell keine Aussagen darüber, inwieweit Repräsentationslücke, erlebter Kontrollverlust oder soziale Exklusion auch
ohne die Vermittlung durch die Verschwörungs-Narrative direkt auf die Selbstermächtigung wirken. Auch diese Frage muss in Zukunft empirisch geprüft
werden.

6.5   Zusammenfassung

Damit können wir festhalten, dass es plausible theoretische Argumente und
empirische Befunde gibt, die nahelegen (aber nicht beweisen!), dass die Ursachen der politischen Entfremdung vom demokratischen politischen System der
Bundesrepublik, die sich in der expressiven Selbstermächtigung der Ablehnung
der Corona-Maßnahmen niederschlägt, weiter zurückgehen als zum Beginn der
Pandemie. Offenkundig hat die (Un)Zufriedenheit mit der Eurorettung und der
Flüchtlingspolitik einen andauernden Effekt auf die Demokratiezufriedenheit.
Wer in diesen Bereichen, in denen sich eine Repräsentationslücke durch die
erhebliche Konvergenz politischer Positionen plausibel machen lässt, unzufrieden
war und sich von politischen Entscheidungsprozess ausgeschlossen fühlte, weil
keine im Bundestag vertretene Partei mit realistischer Koalitionsoption die eigene
Position vertrat, war der Tendenz nach auch unzufriedener mit dem Funktionieren der Demokratie in Deutschland und damit auch eher bereit, auf expressive
Selbstermächtigung im Zusammenhang mit Corona-Maßnahmen zurückzugrei-
fen. Ähnliche Zusammenhänge scheinen für die Sicherheitspolitik zu gelten, und

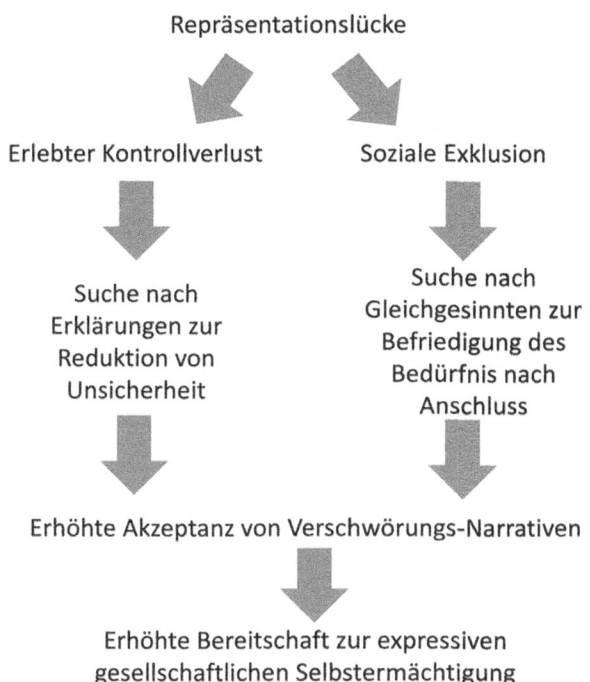

Repräsentationslücke

Erlebter Kontrollverlust   Soziale Exklusion

Suche nach
Erklärungen zur
Reduktion von
Unsicherheit

Suche nach
Gleichgesinnten zur
Befriedigung des
Bedürfnis nach
Anschluss

Erhöhte Akzeptanz von Verschwörungs-Narrativen

Erhöhte Bereitschaft zur expressiven
gesellschaftlichen Selbstermächtigung

Abb. 6.3 Hypothetisches Modell zu den psychologischen Mechanismen, die den Zusammenhang zwischen der Repräsentationslücke und expressiver Selbstermächtigung vermitteln. (Quelle: eigene Darstellung)

damit für ein Politikfeld, das klassischerweise konservativ-autoritären Wählern und Wählerinnen am Herzen liegt, die durch die Liberalisierung der gesellschaftspolitischen Positionen der Unionsparteien ihre Repräsentantin womöglich verloren haben. Auf diese bereits entstandene Demokratieunzufriedenheit wirkt sich dann die Corona-Krise wie ein Brandbeschleuniger aus, da hier nicht nur die Zufriedenheit mit der Problemlösefähigkeit der Politik weiter zurückgeht, sondern zu dem Gefühl der politischen Unkontrollierbarkeit auch noch das Gefühl der Unkontrollierbarkeit persönlicher Lebensführung kommt. Beides wirkt sich dann auch noch auf die Verstärkung der Verschwörungsmentalität und damit auch der zunehmenden Bereitschaft zur expressiven Selbstermächtigung aus.

Dagegen finden wir insbesondere für die Klimapolitik nicht die geringsten Anzeichen für diese Zusammenhänge. Unzufriedenheit mit der Klimapolitik übersetzt sich bei unseren Befragten nicht in Unzufriedenheit mit der Demokratie, die wiederum auch kein Prädiktor für die instrumentelle Selbstermächtigung im Rahmen der Fridays for Future-Bewegung ist.

Literatur

Alexander, Robin. 2017. *Die Getriebenen. Merkel und die Flüchtlingspolitik: Report aus dem Innern der Macht.* München.

Anderson, Christopher J., André Blais, Shaun Bowler, Todd Donovan, und Ola Listhaug. 2005. *Losers' Consent: Elections and Democratic Legitimacy.* Oxford: Oxford University Press.

Bakker, Ryan, Seth Jolly, und Jonathan Polk. 2020. Multidimensional incongruence, political disaffection, and support for anti-establishment parties. *Journal of European Public Policy* 27(2): 292–309.

Behnke, Nathalie. 2021. Handlungsfähigkeit des Föderalismus in der Pandemie. Überlegungen zur Kompetenzverteilung anlässlich der ‚Bundesnotbremse'. *Recht und Politik* 57(3): 369–380.

Daphi, Priska, Sebastian Haunss, Moritz Sommer, und Simon Teune. 2021. Taking to the Streets in Germany – Disenchanted and Confident Critics in Mass Demonstrations. *German Politics*, online first DOI: https://doi.org/10.1080/09644008.2021.1998459

Douglas, Karen M., Robbie M. Sutton, und Aleksandra Cichocka. 2017. The Psychology of Conspiracy Theories. *Current Directions in Psychological Science* 26(6): 538–542.

Engler, Fabian, Svenja Bauer-Blaschkowski, und Reimut Zohlnhöfer. 2019 Disregarding the Voters? Electoral Competition and the Merkel Government's Public Policies, 2013–17. *German Politics* 28(3): 312–331.

Federico, Christopher M., Allison L. Williams, und Joseph A. Vitriol. 2018. The role of system identity threat in conspiracy theory endorsement. *European Journal of Social Psychology* 48(7): 927–938.

Franzmann, Simon T. 2019. Extra-Parliamentary Opposition within a Transforming Political Space: The AfD and FDP under Merkel III between 2013 and 2017. *German Politics* 28(3): 332–349.

Freeman, Daniel, und Richard P. Bentall. 2017. The concomitants of conspiracy concerns. *Social Psychiatry and Psychiatric Epidemiology* 52(5): 595–604.

Grande, Edgar, Swen Hutter, Sophia Hunger, und Eylem Kanol. 2021. *Alles Covidioten? Politische Potenziale des Corona-Protests in Deutschland.* Wissenschaftszentrum Berlin für Sozialforschung: Discussion Paper ZZ 2021–601, abrufbar unter https://bibliothek.wzb.eu/pdf/2021/zz21-601.pdf

Grant, Zack P. 2021. Crisis and Convergence: How the Combination of a Weak Economy and Mainstream Party Ideological De-Polarization Fuels Anti-System Support. *Comparative Political Studies* 54(7): 1256–1291.

Hobolt, Sara B., Julian M. Hoerner, und Toni Rodon. 2021. Having a say or getting your way? Political choice and satisfaction with democracy. *European Journal of Political Research* 60 (4): 854–873.

Imhoff, Roland, Felix Zimmer, Oliver Klein, João H.C. António, Maria Babinska, Adrain Bangerter, Michal Bilewicz, Nebojša Blanuša, Kost Bovan, Rumena Bužarovska, Aleksandra Cichocka, Sylvain Delouvée, Karen M. Douglas, Asbjørn Dyrendal, Tom Etienne, Biljana Gjoneska, Sylvie Graf, Estrella Gualda, Gilad Hirschberger, ... und Jan-Willem van Prooijen. 2022. Conspiracy mentality and political orientation across 26 countries. *Nature Human Behaviour*. https://doi.org/10.1038/s41562-021-01258-7

Infratest dimap. 2016. ARD DeutschlandTREND. April 2016. Eine Studie im Auftrag der tagesthemen, abrufbar unter https://www.tagesschau.de/inland/deutschlandtrend-529.pdf

Jankowski, Michael, Anna-Sophie Kurella, Christian Stecker, Andreas Blätte, Thomas Bräuninger, Marc Debus, Jochen Müller, und Susanne Pickel. 2022. Die Positionen der Parteien zur Bundestagswahl 2021: Ergebnisse des Open Expert Surveys. *Politische Vierteljahresschrift* 63(1): 53–72.

Jörke, Dirk, und Veith Selk. 2015. Der hilflose Antipopulismus. *Leviathan* 43 (4): 484–500

Kofta, Mirosław, Wiktor Soral, und Michał Bilewicz. 2020. What breeds conspiracy antisemitism? The role of political uncontrollability and uncertainty in the belief in Jewish conspiracy. *Journal of Personality and Social Psychology* 118(5): 900–918.

Koroma, Dennis, Maria I. Pestalozzi, und Hansjörg Znoj. 2022. How Social Exclusion, Embitterment, and Conspiracy Beliefs Mediate Individual's Intention to Vaccination against COVID-19: Results from a Moderated Serial Mediation Analysis. *Psychopathology* 55(2): 93–103.

Merkel, Wolfgang. 2017: Kosmopolitismus versus Kommunitarismus: Ein neuer Konflikt in der Demokratie, in: Philipp Harfst, Ina Kubbe, und Thomas Poguntke (Hrsg.): *Parties, Governments and Elites. The Comparative Study of Democracy*. Wiesbaden: Springer VS, 9–23.

Oppelland, Torsten. 2019. Profilierungsdilemma einer Regierungspartei in einem fragmentierten Parteiensystem: Die CDU während der Amtszeit der Regierung Merkel III, in: Reimut Zohlnhöfer, und Thomas Saalfeld (Hrsg.): *Zwischen Stillstand, Politikwandel und Krisenmanagement. Eine Bilanz der Regierung Merkel 2013–2017*, Wiesbaden: Springer VS, 63–85.

Patzelt, Werner J. 2017. Der 18. Deutsche Bundestag und die Repräsentationslücke. Eine kritische Bilanz. *Zeitschrift für Staats- und Europawissenschaften* 15: 245–285.

Ridge, Hannah M. 2022. Just like the others: Party differences, perception, and satisfaction with democracy. *Party Politics* 28(3): 419–430.

Rooduijn, Matthijs, Wouter van der Brug, und Sarah L. de Lange. 2016. Expressing or fuelling discontent? The relationship between populist voting and political discontent. *Electoral Studies* 43: 32–40.

Schäfer, Armin, und Michael Zürn. 2021. *Die demokratische Regression. Die politischen Ursachen des autoritären Populismus*. Berlin: Suhrkamp.

Spoon, Jae-Jae, und Heike Klüver. 2019. Party convergence and vote switching: Explaining mainstream party decline across Europe. *European Journal of Political Research* 58: 1021–1042.

Torcal, Mariano, und Pedro C. Magalhães. 2022. Ideological extremism, perceived party system polarization, and support for democracy. *European Political Science Review* 14: 188–205.

van Prooijen, Jan-Willem, und Karen M. Douglas. 2017. Conspiracy theories as part of history: The role of societal crisis situations. *Memory Studies* 10(3): 323–333.

Whitson, Jennifer A., und Adam D. Galinsky. 2008. Lacking Control Increases Illusory Pattern Perception. *Science* 322(5898): 115–117.

Zohlnhöfer, Reimut, und Fabian Engler. 2015. Politik nach Stimmungslage? Der Parteienwettbewerb und seine Policy-Implikationen in der 17. Wahlperiode, in: Reimut Zohlnhöfer, und Thomas Saalfeld (Hrsg.): *Politik im Schatten der Krise. Eine Bilanz der Regierung Merkel, 2009–2013.* Wiesbaden: Springer, 137–167.

Fazit: Was tun gegen (expressive) Selbstermächtigung?

7

7.1   Zusammenfassung der Befunde

Der Ausgangspunkt dieses Buches – und unserer gemeinsamen wissenschaftlichen Überlegungen – war die vermutete Zunahme von Rechts- und Regelbrüchen, die unter Berufung auf idealistische, politische oder ethische Gründe gerechtfertigt werden – wir sprechen von gesellschaftlicher Selbstermächtigung. Bereits die juristische Vermessung des Konzepts zeigte die genuin gesellschaftlich-politische Dimension des Phänomens, das im Wesentlichen als ziviler Ungehorsam einzustufen ist, mithin also als Ausdruck politischer Forderungen verstanden werden kann.

Das Ausmaß gesellschaftlicher Selbstermächtigung haben wir in zwei bevölkerungsrepräsentativen Befragungen zu ermitteln versucht. Dabei zeigt sich Folgendes: Wenn wir Selbstermächtigung schon dann annehmen, wenn Personen bereit sind, in Ausnahmesituationen Gesetze zu übertreten, um ihrem Gewissen zu folgen, handelt es sich um ein Massenphänomen; fast zwei Drittel unserer Befragten fallen in diese Kategorie. Fragt man dagegen danach, ob man das Recht in die eigene Hand nehmen darf oder sich nur an Regeln halten muss, wenn man ihnen zustimmt, wenn man erwischt zu werden droht oder wenn sich auch die Regierung an die Regeln hält, nimmt die Zustimmung rapide ab. Auch unsere konkreten Beispiele, die Klimaschulstreiks und die Corona-Maßnahmen, zeigen differenzierte Befunde. Aber sie belegen auch, dass gesellschaftliche Selbstermächtigung keineswegs nur eine verschwindend kleine Minderheit betrifft. Ein knappes Viertel der Befragten unterstützte beispielsweise die Idee, bewusst während der Schulzeit – und damit entgegen der gesetzlichen Schulpflicht – für das Klima zu demonstrieren, und immerhin gute sechs Prozent unserer Respondentinnen und Respondenten geben an, sich bestenfalls manchmal an die Corona-Einschränkungen gehalten zu haben. Das Phänomen, das hier betrachtet wird, ist also gesellschaftlich zweifellos relevant.

Unsere weitergehenden Analysen bestätigen ihrerseits, dass Selbstermächtigung keineswegs gleich Selbstermächtigung ist, sondern dass es sich dabei um ein vielschichtiges Phänomen handelt. Das zeigt sich schon daran, dass zumindest bei strikter Abgrenzung keine der von uns befragten Personen gleichzeitig zu Selbstermächtigung im Bereich Corona und im Bereich Klima neigt. Die vertiefenden statistischen Untersuchungen ergeben dann noch differenzierter, dass die Personen, die zur einen oder anderen Form von Selbstermächtigung neigen, tendenziell ganz unterschiedliche Merkmale und Eigenschaften aufweisen. Die Unterstützerinnen und Unterstützer von Fridays for Future sind gut ins politische System integriert, weisen keine ausgeprägte Neigung zu Protestparteien oder Unzufriedenheit mit der Demokratie auf, sind mit den Leistungen des politischen Systems mit Ausnahme der Klimapolitik zufrieden, neigen nicht zu Verschwörungstheorien und besitzen soziales Vertrauen. Die Menschen, die sich gegen die Corona-Strategie der politischen Entscheidungsträgerinnen und Entscheidungsträger in Deutschland wenden, erweisen sich dagegen jedenfalls teilweise als dem politischen System entfremdet: geringere Demokratiezufriedenheit, eine geringere Zufriedenheit mit der Problemlösungsfähigkeit des politischen Systems, Misstrauen gegenüber den öffentlich-rechtlichen Medien und der Wissenschaft, eine Neigung zu Nichtwahl oder der Wahl der AfD als Protestpartei, signifikant höherer Verschwörungsglaube und ein niedrigeres Vertrauen ins politische System und andere Menschen zeichnen diese Befragten der Tendenz nach aus.

Aufgrund dieser frappierenden Unterschiede schlagen wir vor, diese unterschiedlichen Ausprägungen auf die Begriffe instrumentelle und expressive Selbstermächtigung zu bringen. Instrumentelle Selbstermächtigung dient der politischen Unterstützung einzelner politischer Projekte durch unkonventionelle und nichtinstitutionalisierte Formen politischer Partizipation. Der zivile Ungehorsam soll Aufmerksamkeit für das Thema generieren, um es auf die politische Agenda zu hieven und die gewünschte politische Lösung durchzusetzen. Grundsätzlich erscheinen instrumentelle Selbstermächtigerinnen gut integriert, sodass diese Form der Selbstermächtigung – selbst wenn man den Rechtsbruch ablehnen mag – als demokratiepolitisch prinzipiell unschädlich erscheint.

Allerdings ist auch Vorsicht geboten. Es ist keineswegs garantiert, dass instrumentelle Selbstermächtigung nicht umschlägt und schädliche Formen annimmt. Gerade am Beispiel der Klimaschulstreiks lässt sich dieses Szenario durchspielen. Die Unterstützerinnen und Unterstützer von Fridays-for-Future konnten in der ersten Phase der Bewegung durchaus auf Mobilisierungserfolge verweisen und einen

Einfluss auf das Agendasetting der Bundespolitik für sich reklamieren (Raisch und Zohlnhöfer 2020). Auch wenn sich keine starken Indizien dafür finden, dass das deutsche Klimaschutzgesetz von 2019 in besonderem Maße durch Fridays for Future beeinflusst worden ist (Engler und Zohlnhöfer 2022), zeigten das Gesetz und seine Verschärfung in Reaktion auf ein Urteil des Bundesverfassungsgerichts doch eine Entwicklung in die von den FFF-Unterstützern gewünschte Richtung; und auch die guten Umfragewerte der Grünen im fraglichen Zeitraum und die exzellenten Aussichten dieser von den FFF-Unterstützerinnen überdurchschnittlich unterstützten Partei, Teil der nächsten Bundesregierung zu werden, könnte die Sicht auf die Responsivität des politischen Systems positiv beeinflusst haben. Was aber, so lässt sich fragen, passiert, sollte eine Bundesregierung mit starkem grünem Koalitionspartner die Klimawende nicht erreichen, und sei es nur, weil der russische Angriffskrieg gegen die Ukraine die Energiewende verzögert? Denkbar wäre, dass es unter solchen Bedingungen unter den FFF-Unterstützerinnen zu zunehmender Frustration mit der Leistungsfähigkeit des politischen Systems kommt, die, sollte der Zustand länger andauern, generalisiert wird und sich zunehmend in expressive Selbstermächtigung wandelt. Die Aktivisten und Aktivistinnen der „Last Generation", die wir in diesem Buch nicht haben untersuchen können, könnten beispielhaft für jedenfalls teilweise auch expressive Selbstermächtiger im Klimabereich stehen. Sollte die klimapolitische Wende den FFF-Unterstützerinnen nicht schnell genug kommen, könnten deren Zahlen deutlich zunehmen.

Expressive Selbstermächtigung wiederum, wie wir sie in unseren Daten tendenziell für die Kritiker und Kritikerinnen des Corona-Managements gefunden haben, dürfte dagegen demokratiepolitisch problematisch sein. Unsere Untersuchungen legen nahe, dass sich darin eine Entfremdung vom demokratischen politischen System, die Wahrnehmung einer Repräsentationslücke niederschlägt. Unterstrichen wird diese Einschätzung dadurch, dass Armin Schäfer und Michael Zürn (2021) in ihrer Analyse des autoritären Populismus sehr ähnliche Zusammenhänge finden wie wir für expressive Selbstermächtigung. In beiden Fällen scheint eine Repräsentationslücke den Kern und Ausgangspunkt der Entfremdung vom demokratischen System zu bilden. Dabei haben wir ein Defizit der Repräsentation vor allem im substanziellen Sinne verstanden, also in Bezug auf politische Positionen bestimmter Bevölkerungsgruppen, die politisch kaum oder ohne Aussicht auf politischen Erfolg vertreten werden.

Diese Repräsentationslücke geht einher mit ungleicher deskriptiver Repräsentation (Schäfer und Zürn 2021: 93–96, zum 20. Bundestag auch Fortin-Rittberger und Kröber 2021), nicht zuletzt der massiven Überrepräsentation von Akademikerinnen und Akademikern in den Entscheidungsgremien. So lag der Anteil von

Abgeordneten mit Hauptschulabschluss in der 12. Wahlperiode des Bundestages
(1990–1994) noch bei 9,4 %, um dann aber kontinuierlich auf 1,6 % in der 18.
Wahlperiode (2013–2017) zu sinken. Gleichzeitig nahm der Anteil der Abgeordneten mit Hochschulbildung im gleichen Zeitraum von 78,0 % auf 86,1 % zu,
wobei in der 17. Wahlperiode ein Höchststand von 90,5 % erreicht worden war
(Feldkamp 2015: Abschn. 3.9). Im hier im Mittelpunkt stehenden 19. Bundestag (2017–2021) hatten knapp 82 % der Abgeordneten ihr Hochschulstudium
abgeschlossen.[1] Es erscheint zumindest plausibel, dass mit der unterschiedlichen Ausbildung auch unterschiedliche Perspektiven auf politische Probleme und
womöglich auch unterschiedliche Präferenzen einher gehen, die helfen können,
die substanzielle Repräsentationslücke zu erklären.

7.2   Was tun?

Abschließend stellt sich nun die Frage, was angesichts dieser Befunde zu tun
ist. Kann und soll eine demokratische Gesellschaft etwas gegen Selbstermächtigung, insbesondere gegen expressive Selbstermächtigung unternehmen – und vor
allem: Was könnte wirksam gegen die sich in expressiver Selbstermächtigung
ausdrückende Entfremdung vom demokratischen System helfen?

Soweit es sich bei selbstermächtigendem Verhalten auch um rechtswidri-
ges Verhalten handelt, liegt es auf den ersten Blick nahe, über die Bestrafung
entsprechenden Verhaltens gesellschaftliche Selbstermächtigung zurückzudrän-
gen. Unsere Analyse zu Corona-Selbstermächtigung, insbesondere zur Einhaltung
der Corona-Regeln, legte ja durchaus nahe, dass Menschen sich eher an die
Corona-Einschränkungen hielten, wenn sie es für wahrscheinlich erachteten, bei
Verstößen erwischt zu werden, vor allem aber, wenn sie es subjektiv „schlimm"
fanden, erwischt zu werden – und es besteht Anlass zu der Vermutung, dass
die Wahrnehmung des Erwischtwerdens als schlimm mit der Höhe der Strafe
zusammenhängt. Sollte man daraus nicht folgern, dass selbstermächtigendes Verhalten abnehmen sollte, wenn die Strafen verschärft und die Wahrscheinlichkeit,
entdeckt zu werden, erhöht werden, etwa durch höhere Präsenz von Polizei?

Die breitere empirische Literatur spricht aber eher gegen die Erwartung, dass
schärfere Strafen einen nachhaltig abschreckenden Effekt haben (van Rooij und
Fein 2021: 12–45). Zudem wäre der administrative Aufwand für die engmaschige
Überwachung und Bestrafung von Akten gesellschaftlicher Selbstermächtigung,

---

[1] https://www.forschung-und-lehre.de/politik/mehr-als-80-prozent-akademiker-im-bundes
tag-1861 (zuletzt abgerufen am 21.06.2022).

wie wir sie in diesem Buch diskutieren, unverhältnismäßig, ja prohibitiv hoch. Und schlimmer noch: Menschen, die vom politischen System entfremdet sind und ihre politischen Präferenzen nicht repräsentiert sehen, lassen sich wohl kaum mit Hilfe von Strafen und Abschreckung ins politische System re-integrieren. Eher droht ein gegenteiliger Effekt noch weitergehender Entfremdung und einem weiter verstärkten Gefühl der sozialen Exklusion, da die Selbstermächtiger im Falle einer Bestrafung das politische System im Speziellen, aber auch die Mehrheits-Gesellschaft im Allgemeinen noch stärker als ihnen gegenüber feindlich erleben dürften.

Unmittelbar anschlussfähig daran sind die Argumente, die sich auch gegen einen anderen, bereits vielfach beobachtbaren Ansatz vorbringen lassen: der gesellschaftlichen Ausgrenzung der Selbstermächtiger. Der Ansatz ist zunächst ebenfalls einfach nachvollziehbar: Wenn sich Personen nicht an die Regeln halten, gehören sie nicht mehr zum Kreis der „guten Demokraten" und verdienen keine öffentliche Aufmerksamkeit; ihre Argumente sollten nicht noch breit diskutiert und damit womöglich hoffähig gemacht werden. Ob ein solcher Ansatz allerdings bereits entfremdeten Personen neues Vertrauen ins politische System und das Funktionieren der Demokratie in Deutschland vermittelt, erscheint sehr fraglich. Zu befürchten ist eher, dass ein solches Vorgehen kontraproduktiv wirkt, da die Betroffenen ja bereits entfremdet sind und durch die gesellschaftliche Ausgrenzung nur in ihren Vorstellungen bestätigt und Verschwörungs-Narrative bedient werden. Insofern hängt der Einsatz einer solchen Strategie auch davon ab, für wie klein man den Kreis der Entfremdeten hält. Handelt es sich um eine „winzige Minderheit der Hasserfüllten", wie es Bundeskanzler Olaf Scholz (2021: 335) in seiner ersten Regierungserklärung vor dem Deutschen Bundestag ausführte, mag dieser Ansatz erfolgversprechend erscheinen, weil die Zahl der Ausgegrenzten eben sehr begrenzt ist. Aber wann ist die sich selbstermächtigende Minderheit so winzig, dass sie ohne weitere Schäden für das Gemeinwesen ausgegrenzt werden kann? In Kap. 3 haben wir 3,4 % der Befragten als strikte Corona-Selbstermächtiger identifiziert, das wären, auf die Wahlbevölkerung hochgerechnet, rund 2 Mio. Wählerinnen und Wähler in Deutschland. Ist das noch eine winzige Minderheit? Und wenn man die Corona-Selbstermächtigerinnen weniger strikt abgrenzt, wird diese Zahl noch größer, ja, Grande et al. (2021) schätzen das Mobilisierungspotenzial der Anti-Corona-Proteste auf 10 % der Bevölkerung, das wären über 6 Mio. Wahlberechtigte. Kann man diese Gruppe von Menschen ausgrenzen, ohne das Repräsentationsdefizit noch weiter zu vertiefen und das Gefühl sozialer Ausgrenzung weiter zu verstärken?

Während also nicht zu bestreiten ist, dass die demokratische Gesellschaft bei weitem nicht alles hinzunehmen hat, was Selbstermächigerinnen ihr zumuten, ist doch darauf zu achten, dass die Ausgrenzung keine relevante Bevölkerungsgruppe trifft. Als allgemeine Strategie gegen Selbstermächtigung erscheint deshalb auch Ausgrenzung ungeeignet.

Wenn man davon ausgeht, dass expressive Selbstermächtigung zumindest teilweise Folge einer politischen Entfremdung und eines Mangels an Vertrauen in die Demokratie ist, kommt es eher darauf an, genau dieses politische Vertrauen zurückzugewinnen. Das erscheint allerdings keineswegs einfach und die vorsichtigen Vorschläge aus der Literatur sind nicht alle überzeugend. So diskutieren Citrin und Stoker (2018: 64) in einem jüngeren Reviewartikel verschiedene Möglichkeiten, politisches Vertrauen zurückzugewinnen. Eine Möglichkeit wäre demnach eine anhaltende Phase erfolgreicher Regierungspolitik. Man könnte an die Frühphase der Bundesrepublik mit dem „Wirtschaftswunder" als ein Beispiel denken. Aber angesichts der Aneinanderreihung von Krisen und Herausforderungen in jüngerer Zeit, die keine schnellen Lösungen versprechen, erscheint eine solche dauerhafte Erfolgsgeschichte schwer vorstellbar. Darüber hinaus dürfte gerade in der Gesellschaftspolitik auch Uneinigkeit herrschen, wann eine Politik als erfolgreich betrachtet werden kann. Die Aufnahme von Flüchtlingen aus Bürgerkriegsgebieten wird von den einen als humanitäre Notwendigkeit und Politikerfolg eingestuft, während andere gerade hier ein Politikversagen wahrnehmen. Letztere würden dann einen Rückgang der Flüchtlingszahlen als Erfolg klassifizieren, den die erste Gruppe aber als Scheitern betrachten wird. Insofern wird es wenige Politiken geben, die von der überwiegenden Mehrheit der Menschen als Erfolg wahrgenommen werden – gerade im Bereich der Gesellschaftspolitik.

Ein alternativer Weg zur Überwindung der Entfremdung wird von Citrin und Stoker (2018: 64) im Aufkommen charismatischer Führungspersönlichkeiten gesehen, „whose virtues and popularity would be projected onto the institutions and increase confidence in them." Allerdings lässt sich das Aufkommen einer solchen Persönlichkeit kaum zum Programm erheben – oftmals fehlen solche Personen schlicht oder es handelt sich um populistische Politikerinnen und Politiker, die empirisch wenig zur Verbesserung der demokratischen Qualität eines Landes beizutragen haben (Schäfer und Zürn 2021: 167–194). Doch selbst wenn es sich bei der charismatischen Persönlichkeit nicht um eine Populistin oder einen Populisten handelt, ist keineswegs sicher, ob ihr Wirken sich tatsächlich positiv auf das politische Vertrauen auswirkt. Das Frankreich Emmanuel Macrons lässt hier zumindest Zweifel aufkommen.

Soweit die demokratische Entfremdung tatsächlich mit einer Repräsentationslücke zusammenhängt, erscheint es demgegenüber und an erster Stelle plausibel, eine solche Repräsentationslücke zu schließen. Soweit die Repräsentationslücke auf unzureichender deskriptiver Repräsentation bestimmter Bevölkerungsgruppen – nicht zuletzt von Nicht-Akademikerinnen und -Akademikern, aber auch von Menschen mit Migrationshintergrund – basiert, wären auch institutionelle Anpassungen denkbar. Vor allem käme es darauf an, die Rekrutierungsmuster von Parteien zu hinterfragen (Schäfer und Zürn 2021: 211–213). Insoweit ist allerdings die verfassungsrechtliche Gewährleistung der Parteienfreiheit zu beachten.

Ähnliche Probleme ergeben sich auch bei der Herstellung substantieller Repräsentation: In demokratischen Systemen kann natürlich niemand Parteien vorschreiben, welche Positionen sie zu vertreten haben und mit wem sie übereinstimmen oder koalieren. Insofern kann auch die Konvergenz politischer Positionen nicht grundsätzlich verhindert werden und in einigen der beschriebenen Fälle stimmten die Parteipositionen schon lange Zeit weitgehend überein. Das gilt insbesondere für die Europapolitik, betrachteten doch alle etablierten Parteien die Europäische Integration von jeher als „Staatsraison" (Müller-Brandeck-Bocquet 2006). Auch der faktische Ausschluss der AfD von der Regierungsverantwortung durch die Weigerung der übrigen Parteien, mit den Rechtspopulisten zu koalieren, ist nicht nur staatsrechtlich, sondern auch politisch nicht zu beanstanden. Hier haben die Parteien Abwägungen zu treffen und es lassen sich zweifellos gute Gründe gegen eine Koalition mit der AfD benennen – selbst wenn deren Regierungsbeteiligung womöglich bei deren Wählerinnen und Wählern die Wahrnehmung erhöhen könnte, mit den eigenen Positionen repräsentiert zu werden.

Auf einer niedrigeren Stufe allerdings wäre in der politischen Auseinandersetzung, im medialen Diskurs und in den Debatten in sozialen Medien durchaus eine Veränderung vorstellbar, die die Repräsentationslücke reduzieren könnte. Dabei geht es um die gleichberechtigte Beteiligung am politischen Diskurs. Wenn die Positionen, die expressive Selbstermächtigerinnen und Selbstermächtiger vertreten, im massenmedialen Diskurs kaum vorkommen oder nicht ernst genommen und von vornherein vom Tisch gewischt werden, wird kaum Vertrauen in die politischen Institutionen und die Medien entstehen und das Gefühl eines Kontrollverlustes verstärkt. Das heißt erstens, dass die mediale Berichterstattung nicht eine bestimmte, gar die von der Regierung vertretene Position überrepräsentieren sollte, wie das gelegentlich für die Berichterstattung über die Migrationskrise behauptet worden ist (Kepplinger 2019; Wendt 2020: 413–415). Wenn Vertrauen in den demokratischen Prozess entstehen soll, muss die eigene Position in diesem Prozess zumindest zu erkennen sein.

Zweitens muss diese Position aber auch hinreichend ernst genommen werden. Das TINA-Argument („There is no alternative") bestimmte nicht zuletzt die Eurorettungspolitik – „Scheitert der Euro, dann scheitert Europa" brachte es die damalige Bundeskanzlerin Angela Merkel (2010: 4126) auf den Punkt. Aber auch in vielen anderen Krisen der letzten Jahre wurden Handlungszwänge angeführt, denen die Politik angeblich zu folgen habe (nicht umsonst nahm die AfD deshalb ja das Bekenntnis zu einer Alternative in ihren Namen auf). Dieses Argument, das schon von Margaret Thatcher mit derartiger Vorliebe verwendet wurde, dass „Tina" gar zu ihrem Spitznamen wurde (Lawson 1992: 100), ist gerade deshalb so wirksam, weil es alternative Handlungsoptionen als unpraktikabel und weltfremd darstellt und somit Vertreter alternativer Herangehensweisen potenziell als inkompetent dastehen lässt. Somit reduziert das TINA-Argument den politischen Optionenraum, was kurzfristig im Sinne der Regierung ist, mittelfristig aber die Frustration über die angebliche Alternativlosigkeit wachsen lässt. Umgekehrt könnten die Benennung und kritische Diskussion alternativer Politikoptionen in der Öffentlichkeit womöglich auch bei denjenigen Bürgerinnen und Bürgern eine Wahrnehmung von Repräsentation erzeugen, deren Präferenzen sich anschließend im politischen Prozess nicht durchsetzen.

Ebenso wichtig erscheint zudem, dass die kritische Diskussion ergebnisoffen ist und bestimmte Positionen nicht von vornherein diskreditiert werden. Wolfgang Merkel (2021) argumentiert, dass nicht zuletzt der politische Diskurs um Migrations-, Klima- und Coronakrisen durch Verwissenschaftlichung und Moralisierung geprägt gewesen sei.[2] Durch Moralisierung und Verwissenschaftlichung würden aber die Positionen von Kritikerinnen und Kritikern an den jeweiligen Politiken abgewertet als amoralisch, rückwärtsgewandt und wissenschaftlich schlicht falsch, sie würden als „Klima-" oder „Coronaleugner" bezeichnet: „Mit Lügnern und Leugnern lassen sich aber keine Diskurse führen. Sie werden erst begrifflich und dann real gesellschaftlich ausgegrenzt" (Merkel 2021: 10). Diese Ausgrenzung führt, so lässt sich unschwer erwarten, zur Entfremdung vom politischen System, in dem die betreffenden Personen ihre Positionen nicht mehr vertreten sehen und in dem sie das Gefühl haben, keinen Einfluss auf die politische Meinungsbildung zu haben; gleichzeitig führt sie zur Hinwendung zu Echokammern in den sozialen Medien, in denen eine Rückkopplung mit dem politischen Diskurs in der Restgesellschaft anschließend kaum mehr möglich ist.

Wenn dies verhindert werden soll, dann müssen die Positionen der entsprechenden Bevölkerungsteile als legitim erachtet werden; dann dürfen sie nicht

---

[2] Im Falle der Bundestagsdebatten um die Bevölkerungsschutzgesetze kann eine Moralisierung seitens der Regierung oder der Medien zwar nicht nachgewiesen werden (Zohlnhöfer i. E.), aber für den breiteren öffentlichen Diskurs ist das Argument grundsätzlich vermutlich plausibel (zur Migrationsdebatte vgl. etwa Wendt 2020).

vorab als unpraktikabel, unmoralisch oder dumm charakterisiert und ihre Vertreter nicht ausgegrenzt, sondern politisch respektiert werden. Das heißt nicht, dass man jede einzelne Position, sei sie auch rassistisch oder menschenverachtend, respektieren muss, ganz gewiss nicht. Und es heißt ebenso wenig, dass man diese Positionen für richtig halten und ihre Umsetzung befürworten muss. Aber Demokratie lebt von der Ergebnisoffenheit (Merkel 2021) und das heißt auch, dass sich politische Gegner als legitime Vertreterinnen und Vertreter im Meinungsstreit respektieren müssen, gerade wenn sie in der Sache entschieden und leidenschaftlich für unterschiedliche Positionen eintreten.

Literatur

Citrin, Jack, und Laura Stoker. 2018. Political Trust in a Cynical Age. *Annual Review of Political Science* 21: 49–70.

Engler, Fabian, und Reimut Zohlnhöfer. 2022. Wettbewerb um Wählerstimmen, Klimakrise und die Corona-Pandemie. Parteienwettbewerb und Regierungshandeln in der 19. Wahlperiode, in: Reimut Zohlnhöfer, und Fabian Engler (Hrsg.): *Das Ende der Merkel-Jahre. Eine Bilanz der Regierung Merkel 2018–2021.* Wiesbaden: Springer.

Feldkamp, Michael F. 2015: *Datenhandbuch zur Geschichte des Deutschen Bundestages.* Abrufbar unter https://www.bundestag.de/datenhandbuch (zuletzt zugegriffen am 21.06.2022).

Fortin-Rittberger, Jessica, und Corinna Kröber. 2021. Der neu gewählte Deutsche Bundestag. Ein Schritt in Richtung eines „repräsentativen" Parlaments? *Aus Politik und Zeitgeschichte* 47–49: 34–40

Grande, Edgar, Swen Hutter, Sophia Hunger, und Eylem Kanol. 2021. *Alles Covidioten? Politische Potenziale des Corona-Protests in Deutschland.* Wissenschaftszentrum Berlin für Sozialforschung: Discussion Paper ZZ 2021 601, abrufbar unter https://bibliothek.wzb.eu/pdf/2021/zz21-601.pdf

Kepplinger, Hans Mathias. 2019. Die Mediatisierung der Migrationspolitik und Angela Merkels Entscheidungspraxis, in: Reimut Zohlnhöfer, und Thomas Saalfeld (Hrsg.): *Zwischen Stillstand, Politikwandel und Krisenmanagement. Eine Bilanz der Regierung Merkel 2013–2017.* Wiesbaden: Springer VS, 195–217.

Lawson, Nigel. 1992. *The View from No. 11. Memoirs of a Tory Radical.* London u.a.: Bantam Press.

Merkel, Angela. 2010. Regierungserklärung durch die Bundeskanzlerin zu den Maßnahmen zur Stabilisierung des Euro, in: *Plenarprotokolle des Deutschen Bundestages,* 17. Wahlperiode, 42. Sitzung, 19. Mai 2010, S. 4125–4131.

Merkel, Wolfgang. 2021. Neue Krisen. Wissenschaft, Moralisierung und die Demokratie im 21. Jahrhundert. *Aus Politik und Zeitgeschichte* 28–29/2021: 4–11

Müller-Brandeck-Bocquet, Gisela. 2006. Europapolitik als Staatsraison, in: Manfred G. Schmidt, und Reimut Zohlnhöfer (Hrsg.): *Regieren in der Bundesrepublik Deutschland. Innen- und Außenpolitik seit 1949.* Wiesbaden: Verlag für Sozialwissenschaften, 467–490.

Raisch, Judith, und Reimut Zohlnhöfer. 2020. Beeinflussen Klima-Schulstreiks die politische Agenda? Eine Analyse der Twitterkommunikation von Bundestagsabgeordneten. *Zeitschrift für Parlamentsfragen* 51(3): 667–682.

Schäfer, Armin, und Michael Zürn. 2021. *Die demokratische Regression. Die politischen Ursachen des autoritären Populismus.* Berlin: Suhrkamp.

Scholz, Olaf. 2021. Regierungserklärung, in: *Plenarprotokolle des Deutschen Bundestages*, 20. Wahlperiode, 8. Sitzung, 15. Dezember 2021, S. 333–349.

Van Rooij, Benjamin, und Adam Fine. 2021. *The Behavioral Code. The Hidden Ways the Law Makes us Better … or Worse.* Boston: Beacon Press.

Wendt, Fabian. 2020. Moralismus in der Migrationsdebatte, in: Christian Neuhäuser, und Christian Seidel (Hrsg.): *Kritik des Moralismus.* Berlin: Suhrkamp, 406–421.

Zohlnhöfer, Reimut. i.E. Moralisierung im deutschen Bundestag? Das Beispiel der Corona-Politik, in: Ekkehard Felder, Friederike Nüssel, und Jale Tosun (Hrsg.): *Moral und Moralisierung*, Berlin: de Gruyter.

Anhang 1: Fragebogendesign, Repräsentativität der Befragten und Variablencodierung

Die in diesem Buch vorgestellten Ergebnisse basieren in weiten Teilen auf zwei Umfragen, die wir im Rahmen unseres Projektes „Gesellschaftliche Selbstermächtigung: Ausmaß, Gründe, Folgen, Maßnahmen" am Marsilius-Kolleg der Universität Heidelberg durchgeführt haben. Dem Marsilius-Kolleg gebührt nicht zuletzt herzlicher Dank für die Finanzierung der Umfragen.

Durchgeführt wurden die Umfragen vom Bamberger Centrum für Empirische Studien (BACES). Es handelt sich jeweils um webbasierte Interviews von Access-Panelisten des Anbieters respondi AG, wobei eine Quotierung der Panelisten nach den Merkmalen Geschlecht, Alter (5 Klassen) und Bildung (3 Klassen) erfolgte. Die erste Umfrage war vom 30.06. bis zum 07.07.2020 im Feld, dabei wurden 1.351 Personen befragt. Bei der zweiten Umfrage wurden in der Zeit vom 30.11. bis zum 11.12.2020 1.099 Personen befragt. Im Folgenden wird zunächst der Fragebogen vorgestellt, bevor die Repräsentativität der Befragten thematisiert wird. Abschließend widmen wir uns kurz der Codierung solcher Items, deren Ausprägungen nicht direkt für die statistische Analyse verwendet werden konnten.

Fragebogendesign

Der Fragebogen enthält einige Standardfragen, deren Formulierung teilweise von der German Longitudinal Election Study (GLES), den Role of Government-Befragungen des International Social Survey Programme, sowie der Mannheimer Corona-Studie (Blom et al. 2020) übernommen wurde, um Vergleichbarkeit mit anderen Studien zu gewährleisten. Desweiteren wurden etablierte Fragebögen verwenden, im Einzelnen die Kurzskala zur Messung des zwischenmenschlichen Vertrauens (KUSIV3, Beierlein et al., 2012), der Conspiracy Mentality Questionnaire (CMQ, Bruder et al., 2013) und das Big-Five Inventory

(Rammstedt et al., 2014). Andere Fragen wurden selbst formuliert, wobei einige durch die Studie von van Rooij et al. (2020) inspiriert waren. Einzelne Fragen wurden lediglich in der ersten bzw. zweiten Befragung gestellt. Anhang 2 enthält den vollständigen Fragensatz.

Repräsentativität

Im Folgenden diskutieren wir die Repräsentativität der beiden Umfragen anhand ausgewählter Variablen. Tab. A.1 zeigt, dass die Daten unserer Umfragen zur Geschlechtsverteilung vergleichsweise nahe an den Daten der repräsentativen Wahlstatistik für die Bundestagswahl 2021 liegen. Beim Alter zeigt sich dagegen für beide Umfragen im Vergleich zur repräsentativen Wahlstatistik eine Unterrepräsentation von Menschen, die älter als 60 Jahre sind – was bei einer Online-Umfrage keine Überraschung darstellt. Hinsichtlich des Wohnortes in Ost- oder Westdeutschland oder Berlin gleicht die Verteilung in unserer Umfrage recht stark der Bevölkerungsverteilung nach den offiziellen Daten des Statistischen Bundesamtes. Beim Vergleich der Verteilung des höchsten Bildungsabschlusses unterscheiden sich die in unserer Umfrage abgefragten Kategorien etwas von denen des Statistischen Bundesamtes. Wo die Kategorien vergleichbar sind, zeigt sich aber eine relativ große Übereinstimmung – mit Ausnahme der Menschen ohne Schulabschluss, die insbesondere in unserer ersten Umfrage unterrepräsentiert sind. Schließlich vergleichen wir noch die Verteilung der Parteipräferenzen mit Daten zur Sonntagsfrage aus dem ARD-DeutschlandTrend von Infratest dimap. Dabei haben wir jeweils auf die Daten zurückgegriffen, die den Erhebungszeiträumen unserer Befragungen am nächsten waren. Hier zeigt sich für die erste Befragung eine gewisse Unterrepräsentation der Anhängerinnen und Anhängern der Regierungsparteien in unseren Daten bei einer Überrepräsentation der Opposition, insbesondere der Linken. Dieses Muster schwächt sich in der zweiten Befragung ab, hier sind dagegen Wählerinnen und Wähler der Grünen etwas weniger vertreten als in der Infratest-Umfrage, während vor allem der Anteil der Wählerinnen und Wähler anderer Parteien in unseren Daten etwas größer ausfällt als bei den Daten des DeutschlandTrends. Es ist allerdings in Erinnerung zu halten, dass natürlich auch der DeutschlandTrend selbst nur auf Befragungen basiert, die Daten daher mit einer Schwankungsbreite von 2 bis 3 Prozentpunkten behaftet sind und mithin nicht notwendig die „wahre" politische Stimmung auf den Prozentpunkt genau abbilden. Insgesamt zeigt sich allerdings eine hohe Repräsentativität unserer Befragungsdaten.

Tab. A.1 Repräsentativität der Umfragen

	1. Umfrage		2. Umfrage	
Geschlecht		Berechnet nach Bundeswahlleiter 2022b: 8		Berechnet nach Bundeswahlleiter 2022b: 8
Weiblich	49,95	51,5	50,2	51,5
Männlich	49,95	48,5	49,6	48,5
Divers	0,1	*	0,2	*
Alter		Bundeswahlleiter 2022a: 2		Bundeswahlleiter 2022a: 2
18–29	20,2	14	20,6	14
30–59	61,6	47	60,6	47
60 und mehr	18,2	39	18,8	39
Ost/Westdeutschland		Berechnet nach Statistisches Bundesamt 2021 (Stand 31.12.20)		Berechnet nach Statistisches Bundesamt 2021 (Stand 31.12.20)
Ostdeutschland	15,7	15,0	13,1	15,0
Westdeutschland	79,5	80,6	82,6	80,6
Berlin	4,8	4,4	4,3	4,4
Bildung		Berechnet nach Statistisches Bundesamt 2020: 21 (Stand 2019)		Berechnet nach Statistisches Bundesamt 2020: 21 (Stand 2019)
Ohne Schulabschluss	0,4	4,0	1,7	4,0
Hauptschulabschluss	29,5	28,6	28,4	28,6
Abitur und Hochschulstudium	35,5	33,5	35,9	33,5
Parteipräferenzen		Infratest dimap 2022: Sonntagsfrage 02.07.20		Infratest dimap 2022: Sonntagsfrage 11.12.20
CDU/CSU	29,8	37	32,2	36
SPD	12,2	16	15	16

(Fortsetzung)

Tab. A.1   (Fortsetzung)

	1. Umfrage		2. Umfrage	
AfD	13,1	10	11,7	9
FDP	6,0	5	5,3	6
Linke	11,2	7	9,1	7
Grüne	20,1	20	17,4	20
Sonstige	7,5	5	9,3	6

* Menschen mit diversem Geschlecht werden aufgrund der geringen Zahl in der repräsentativen Wahlstatistik nicht getrennt ausgewiesen, sondern zu den männlichen Befragten hinzugerechnet

Variablencodierung

Nicht bei allen Items des Fragebogens konnten die Variablenausprägungen direkt für die statistische Analyse verwendet werden. Im Folgenden erläutern wir für die betreffenden Variablen, wie die Berechnung erfolgte.

Abhängige Variablen
Corona-Selbstermächtigung: Diese Variable aggregiert die Variablen zur Selbsteinschätzung der Regeleinhaltung, der Bereitschaft zur Verwendung der Corona-WarnApp, der Impfbereitschaft und der Teilnahme an Anti-Corona-Demonstrationen. Sämtliche Variablen wurden so umcodiert, dass höhere Werte ein höheres Maß an Selbstermächtigung anzeigen. Bei der Frage nach der Befolgung der Corona-Regeln wurde die Antwort „Immer an die Regeln gehalten" mit 0 codiert, „meistens" mit 1, „oft" mit 2, „manchmal" mit 3, „selten" mit 4 und „nie" mit 5. Bei der Corona-Warn-App wurden die folgenden Antworten mit 0 codiert: Die App wurde bereits installiert, wird sehr wahrscheinlich installiert und kann aus technischen Gründen nicht installiert werden; eine 1 wird für die Antwort vergeben, eine Installation der App sei „etwas wahrscheinlich", eine 2 für „eher unwahrscheinlich" und eine 3 für „sehr unwahrscheinlich". Bei der Frage nach der Impfbereitschaft wurde die Antwort „sehr wahrscheinlich" mit 0 bewertet, „ziemlich wahrscheinlich" mit 1, „teils-teils" mit 2, „wenig wahrscheinlich" mit 3 und „überhaupt nicht wahrscheinlich" mit 4. Da bei der Frage nach der Teilnahme an Demonstrationen nur eine dichotome Antwortoption existiert, wird für diese Frage die Nicht-Teilnahme mit 0 und die Teilnahme mit 2 codiert. Die so codierten Variablen wurden aufaddiert. Insgesamt ergibt sich aus der Aggregation ein Wertebereich

zwischen 0 (= immer an die Corona-Einschränkungen gehalten, Warn-App installiert, sehr wahrscheinliche Impfung, keine Teilnahme an Demonstrationen) und 14 (nie an Regeln gehalten, Installation der App und Impfung sehr unwahrscheinlich, Teilnahme an Demonstration gegen Corona-Beschränkungen).

Fridays for Future-Selbstermächtigung: Diese Variable aggregiert die Variablen zur Zustimmung zu den Klimaschulstreiks, zur Teilnahme an den Streiks und zur Bewertung der Tatsache, dass die Demonstrationen während der Schulzeit stattfanden. Dazu haben wir für jede Frage die Antwortoption mit 1 codiert, die eine Unterstützung der FFF-Schulstreiks ausdrückt (Schulstreiks richtig, eigene Teilnahme, Teilnahme eines Familienmitglieds, Unterstützung von Demonstrationen während der Schulzeit), während alle anderen Antwortoptionen mit 0 codiert wurden. Anschließend wurden die drei umcodierten Items aufaddiert.

Unabhängige Variablen
Arbeitslos und Kurzarbeit: Befragten, die bei der Frage nach der gegenwärtigen Berufstätigkeit mit „zurzeit arbeitslos" oder „zurzeit in Kurzarbeit" antworteten, wurde eine 1 zugewiesen, allen anderen Befragten eine 0.

Beschäftigte: Befragten, die bei der Frage nach der gegenwärtigen Berufstätigkeit angaben, in Vollzeit oder in Teilzeit berufstätig zu sein, wurde eine 1 zugewiesen, allen anderen Befragten eine 0.

Demokratisches Vertrauen: Summe der Variablen zum Vertrauen in Bundestag, in Bundesregierung, in Parteien und in die Landesregierung sowie Demokratiezufriedenheit. Die Demokratiezufriedenheit wurde dabei so kalibriert, dass ihr Wertebereich dem der anderen Variablen entspricht.

Einstellung zu Selbstermächtigung: Die Antwort „Kann ich nicht sagen" bei der Frage, ob man Gesetze ohne Ausnahme befolgen müsse oder ob man in Ausnahmesituationen seinem Gewissen folgen dürfe, wurde als fehlend codiert, sodass die entsprechenden Befragten bei Analysen mit dieser Variablen nicht berücksichtigt wurden.

Interpersonelles Vertrauen: Summenwert der drei Items der Kurzskala zur Messung des zwischenmenschlichen Vertrauens (KUSIV3, Beierlein et al., 2012).

Ost/Westdeutschland: Befragten, die angaben, in den Bundesländer Brandenburg, Mecklenburg-Vorpommern, Sachsen, Sachsen-Anhalt und Thüringen zu wohnen, wurde der Wert 1 zugewiesen, Befragten, die angaben, in einem anderen Bundesland zu leben, wurde ein 2 zugeordnet.

Parteienwahl: Aus dem Item zur Partei, die die Befragten bei der nächsten Bundestagswahl wählen würden, wurden Dummyvariablen für jede im Bundestag vertretene Partei, für sonstige Parteien und für Nichtwähler codiert, wobei die 1 vergeben wurde, wenn eine Person die entsprechende Partei angab, und sonst die 0.

Politisches Wissen: Bei der Frage danach, welche Stimme bei der Bundestagswahl ausschlaggebend für die Sitzverteilung sei, wurde die richtige Antwort („die Zweitstimme") mit 1 codiert, sämtliche anderen Antworten mit 0.

Rechtsstaatliches Vertrauen: Summe der Variablen zum Vertrauen ins Bundesverfassungsgericht und zum Vertrauen darauf, „dass die Gerichte die Rechte der Bürger gegenüber den weitreichenden Maßnahmen zur Eindämmung der Corona-Pandemie wirksam schützen".

Soziale Medien: Für diese Variable wurden die Antworten zum Vertrauen in „Youtube", „Blogs im Internet" und „Soziale Medien (Facebook, Twitter, Instagram etc.)" aufaddiert.

Verschwörungsmentalität: Mittelwert der fünf Items des Conspiracy Mentality Questionnaire (CMQ, Bruder et al., 2013).

Wahrscheinlichkeit einer Ansteckung: Die Frage nach der Wahrscheinlichkeit einer Ansteckung mit dem Corona-Virus wurde nur denjenigen Personen gestellt, die nicht schon selbst infiziert waren oder einen infizierten Familienangehörigen aufwiesen; daher waren diese Personen ursprünglich als fehlend codiert. In diesen Fällen wurden von uns ein Wert von 22 zugewiesen, der über dem Maximalwert von 21 liegt, der Personen zugewiesen worden war, die meinten, dass es „absolut wahrscheinlich" sei, dass sie oder ein Familienmitglied sich infizieren.

Literatur

Beierlein, Constanze, Christoph J. Kemper, Anastassiya Kovaleva, und Beatrice Rammstedt. 2012. Kurzskala zur Messung des zwischenmenschlichen Vertrauens: Die Kurzskala Interpersonales Vertrauen (KUSIV3). *GESIS Working Papers* (22), abrufbar unter https://www.gesis.org/fileadmin/upload/forsch ung/publikationen/gesis_reihen/gesis_arbeitsberichte/WorkingPapers_2012-22.pdf (letzter Zugriff: 20.06.2022)

Blom, Annelies G., Carina Cornesse, Sabine Friedel, Ulrich Krieger, Marina Fikel, Tobias Rettig, Alexander Wenz, Sebastian Juhl, Roni Lehrer, Katja Möhring, Elias Naumann, und Maximiliane Reifenscheid. 2020. High Frequency and High Quality Survey Data Collection. *Survey Research Methods* 14(2): 171-178.

Bruder, Martin, Peter Haffke, Nick Neave, Nina Nouripanah, und Roland Imhoff. 2013. Measuring Individual Differences in Generic Beliefs in Conspiracy Theories Across Cultures: Conspiracy Mentality Questionnaire. *Frontiers in Psychology, 4*, abrufbar unter: https://doi.org/10.3389/fpsyg.2013.00225.

Bundeswahlleiter. 2022a. *Kurzbericht über die Ergebnisse der repräsentativen Wahlstatistik zur Bundestagswahl 2021*, abrufbar unter https://www.bundes wahlleiter.de/dam/jcr/610da2d6-54e8-429b-9d9c-83c41aebe42d/btw21_rws_ kurzbericht.pdf (letzter Zugriff am 13.06.2022a).

Bundeswahlleiter. 2022b. *Wahl zum 20. Deutschen Bundestag am 26. September 2021. Heft 4 Wahlbeteiligung und Stimmabgabe nach Geschlecht und Altersgruppen*, abrufbar unter https://www.bundeswahlleiter.de/dam/jcr/ 8ad0ca1f-a037-48f8-b9f4-b599dd380f02/btw21_heft4.pdf (letzter Zugriff am 13.06.2022b).

Infratest dimap. 2022. *Sonntagsfrage Bundestagswahl*, abrufbar unter https:// www.infratest-dimap.de/umfragen-analysen/bundesweit/sonntagsfrage/ (letzter Zugriff am 13.06.2022).

Rammstedt, Beatrice, Christoph J. Kemper, Mira Céline Klein, Constanze Beierlein, und Anastassiya Kovaleva. 2014. *Big Five Inventory (BFI-10). Zusammenstellung sozialwissenschaftlicher Items und Skalen (ZIS)*, abrufbar unter https://doi.org/10.6102/zis76.

Statistisches Bundesamt. 2020. *Bildungsstand der Bevölkerung. Ergebnisse des Mikrozensus 2019*, abrufbar unter https://www.destatis.de/DE/Themen/Gesell schaft-Umwelt/Bildung-Forschung-Kultur/Bildungsstand/Publikationen/Dow nloads-Bildungsstand/bildungsstand-bevoelkerung-5210002197004.pdf?__ blob=publicationFile (letzter Zugriff am 13.06.2022).

Statistisches Bundesamt. 2021. *Bevölkerungsstand Bevölkerung nach Nationalität und Bundesländern*, abrufbar unter https://www.destatis.de/DE/Themen/Ges ellschaft-Umwelt/Bevoelkerung/Bevoelkerungsstand/Tabellen/bevoelkerung-nichtdeutsch-laender.html (letzter Zugriff am 13.06.2022).

van Rooij, Benjamin, Anne Leonore de Bruijn, Chris Reinders Folmer, Emmeke Kooistra, Malouke Esra Kuiper, Megan Brownlee, Elke Olthuis, und Adam Fine. 2020. *Compliance with COVID-19 Mitigation Measures in the United States*. Amsterdam: Amsterdam Law School Legal Studies Research Paper No. 2020–21. Abrufbar unter https://doi.org/10.2139/ssrn.3582626

Anhang 2: Fragebogen der Online-Befragung

Im Folgenden findet sich der Fragebogen, der in den beiden Online-Befragungen eingesetzt wurde. Die kursiv gesetzten Fragen wurden nur in der ersten Befragungsrunde verwendet. Mit einem Pfeil→ versehene Items wurden in Abhängigkeit der Antwort auf die davor gestellte Frage dargestellt oder nicht.

Soziodemografische Fragen:

Alter: _____

Geschlecht

☐ weiblich   ☐ männlich   ☐ divers   ☐ keine Angabe

Bildung

☐ ohne Schulabschluss

☐ Hauptschulabschluss

☐ mittlere Reife

☐ Abitur

☐ abgeschlossene Berufsausbildung

☐ abgeschlossenes Hochschulstudium

Sind Sie erwerbstätig?

☐ ja   ☐ nein

Berufstätigkeit

☐ Vollzeit berufstätig

☐ Teilzeit berufstätig

☐ in Ausbildung (Schüler/Student)

☐ zurzeit arbeitslos

☐ zurzeit in Kurzarbeit

☐ zurzeit in Kurzarbeit

☐ Pensionär / Rentner

☐ nicht berufstätig (Hausfrau*mann)

→ **Wenn (nicht) berufstätig, (vorher) in welchem Bereich**

☐ selbstständiger Landwirt

☐ akademischer freier Beruf (z.B. Arzt mit eigener Praxis, Rechtsanwalt)

☐ Selbstständiger in Handel, Gewerbe, Industrie, Dienstleistung u.a.

☐ Beamter/Richter/Berufssoldat

☐ Angestellter

☐ Arbeiter

☐ in Ausbildung

☐ mithelfender Familienangehöriger

→ **Wenn Angestellter**

☐ Industrie- und Werkmeister im Angestelltenverhältnis

☐ Angestellte mit einfacher Tätigkeit (z.B. Verkäufer, Kontorist, Stenotypist)

☐ Angestellte, die schwierige Aufgaben nach allgemeiner Anweisung selbstständig erledigen (z.B. Sachbearbeiter, Buchhalter, technischer Zeichner)

☐ Angestellte, die selbstständige Leistungen in verantwortungsvoller Tätigkeit erbringen oder begrenzte Verantwortung für die Tätigkeit anderer tragen (z.B. wissenschaftlicher Mitarbeiter, Prokurist, Abteilungsleiter)

☐ Angestellte mit umfassenden Führungsaufgaben und Entscheidungsbefugnissen (z.B. Direktor, Geschäftsführer, Vorstand größerer Betriebe und Verbände)

→ **Wenn Arbeiter**

☐ Un- oder angelernter Arbeiter

☐ Gelernter Arbeiter oder Facharbeiter

☐ Vorarbeiter, Kolonnenführer, Brigadier

☐ Meister, Polier

→ **Wenn Beamter**

☐ einfacher Dienst (bis einschließlich Oberamtsleiter)

☐ mittlerer Dienst (vom Assistenten bis einschließlich Hauptsekretär/Amtsinspektor)

☐ gehobener Dienst (vom Inspektor bis einschließlich Oberamtsmann/Oberamtsrat)

☐ höherer Dienst, Richter (vom Regierungsrat aufwärts)

→ **Wenn selbständig**

☐ keine Mitarbeiter

☐ 1 Mitarbeiter

☐ 2 bis 9 Mitarbeiter

☐ 10 bis 49 Mitarbeiter

☐ 50 Mitarbeiter und mehr

→ **Wenn akademischer freier Beruf**

☐ keine Mitarbeiter

☐ 1 Mitarbeiter

☐ 2-9 Mitarbeiter

☐ 10 und mehr Mitarbeiter

Wie viele Personen leben in Ihrem Haushalt? _____

Wie viele Kinder unter 18 Jahren leben in Ihrem Haushalt? _____

In welchem Bundesland leben Sie? _____

1. **Wie zufrieden sind Sie mit dem Funktionieren der Demokratie in Deutsch-land?**

gar nicht   sehr
zufrieden   zufrieden

2. **Ganz allgemein gesprochen, würden Sie sagen, dass man Gesetze ohne Ausnahme befolgen muss, oder gibt es Ausnahmesituationen, in denen man seinem Gewissen folgen sollte, auch wenn dies bedeutet, Gesetze zu übertreten?**

☐ ohne Ausnahme befolgen
☐ In Ausnahmesituationen seinem Gewissen folgen
☐ Kann ich nicht sagen

3. **Wenn Sie einmal an die Leistungen der Bundesregierung in Berlin denken. Wie zufrieden sind Sie mit der Art und Weise, wie sie ihre Arbeit in den folgenden Bereichen erledigt?**

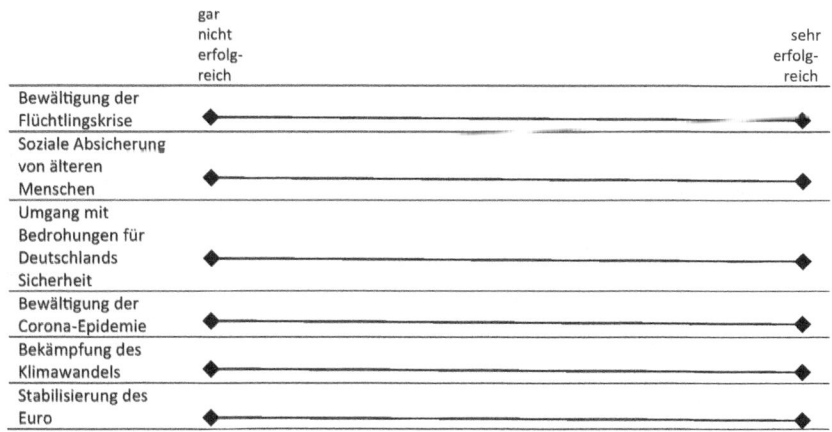

4. **Sagen Sie mir bitte für jede der folgenden Einrichtungen oder Organisationen, wie groß das Vertrauen ist, das Sie ihr entgegenbringen.**

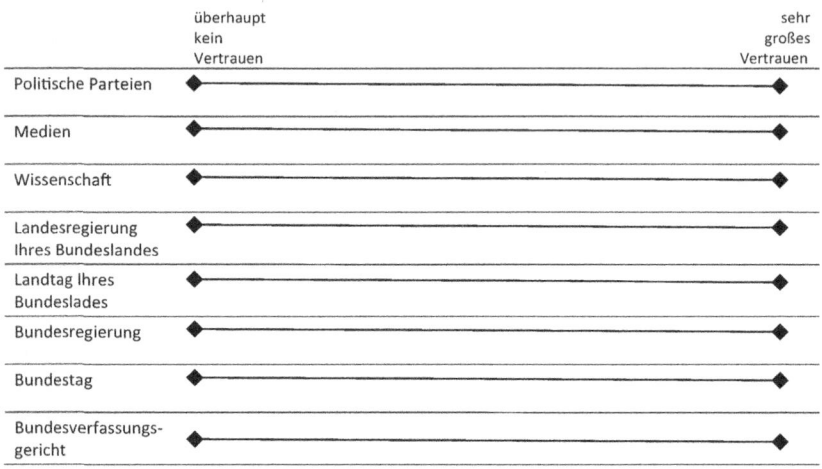

5. **Inwieweit stimmen Sie folgenden Aussagen zu?**

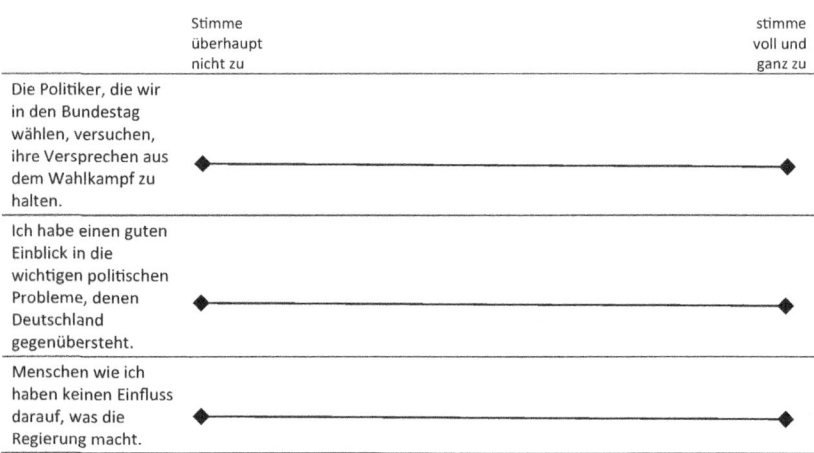

6. **Wie stark interessieren Sie sich für Politik?**

überhaupt   sehr
nicht   stark

◆————————————————————————————————◆

7. **Bei der Bundestagswahl haben Sie ja zwei Stimmen, eine Erststimme und eine Zweitstimme. Wie ist das eigentlich, welche der beiden Stimmen ist ausschlaggebend für die Sitzverteilung im Bundestag?**

☐ die Erststimme

☐ die Zweitstimme

☐ Beide sind gleich wichtig.

☐ Ich weiß es nicht.

8. **Vor allem im letzten Jahr haben viele Schüler im Rahmen der Fridays for Future-Bewegung freitags demonstriert. Finden Sie diese Demonstrationen grundsätzlich richtig oder nicht richtig?**

☐ richtig

☐ nicht richtig

☐ weiß nicht

9. **Haben Sie selbst oder jemand aus Ihrer Familie aktiv an Demonstrationen der Fridays for Future-Bewegung teilgenommen?**

☐ Ja, ich selbst habe teilgenommen

☐ Ja, jemand aus meiner Familie hat teilgenommen

☐ Nein, weder ich noch jemand aus meiner Familie hat teilgenommen

10. **Wie beurteilen Sie die Demonstrationen während der Schulzeit? Sind Sie der Meinung, dass die Schulpflicht Vorrang hat und somit die Demonstrationen außerhalb der Schulzeit stattfinden sollten oder sollten die Demonstrationen während der Unterrichtszeit durchgeführt werden?**

    ☐ Schulpflicht hat Vorrang

    ☐ Demonstrationen sollten während der Unterrichtszeit durchgeführt werden

    ☐ weiß nicht

11. **Es kommt vor, dass Menschen das Recht in die eigene Hand nehmen? Halten Sie ein solches Verhalten für richtig?**

    ☐ Ja   ☐ Nein   ☐ weiß nicht

12. **Wie wahrscheinlich ist es Ihrer Meinung nach, dass in den nächsten zwei Monaten,**

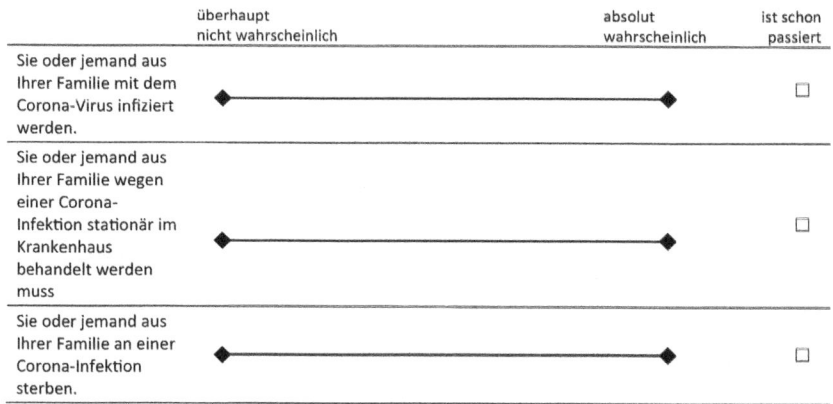

13. **Um die Ausbreitung der Corona-Pandemie zu verhindern, gab es ja etliche Maßnahmen. Viele Geschäfte mussten schließen, Schulen und Kindergärten wurden geschlossen, Sportanlagen durften nicht mehr benutzt werden und man sollte sich möglichst nicht mehr mit Menschen außerhalb des eigenen Haushalts treffen. Was denken Sie?**

      ☐ Maßnahmen waren zu weitreichend

      ☐ Maßnahmen waren gerade richtig

      ☐ Maßnahmen gingen nicht weit genug

14. **Wie sehr stimmen Sie folgenden Aussagen zu?**

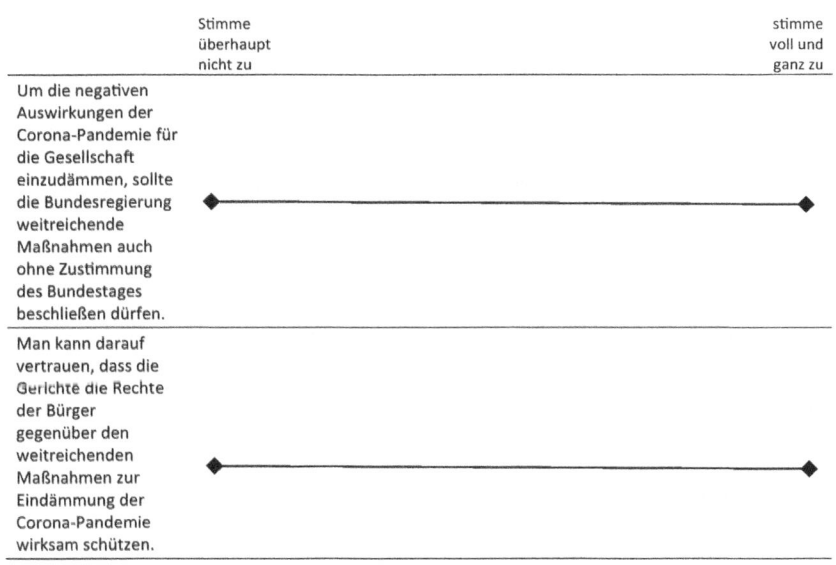

15. **Was denken Sie: Ist der wirtschaftliche Schaden, den die derzeitigen Maßnahmen zur Eindämmung der Corona-Pandemie anrichten, größer als ihr Nutzen für die Gesellschaft, oder ist der gesellschaftliche Nutzen größer als der wirtschaftliche Schaden?**

Der gesellschaftliche
Nutzen ist größer
als der wirtschaftliche Schaden

Der wirtschaftliche
Schaden ist größer
als der gesellschaftliche Nutzen

◆————————————————————————————————————◆

16. **Wenn Sie ganz ehrlich sind: Haben Sie sich immer an alle Corona-Einschränkungen gehalten oder haben Sie gelegentlich auch Dinge getan, die man eigentlich unterlassen sollte, z. B. Freunde getroffen oder zur Arbeit gegangen, obwohl sie hätten zu Hause arbeiten können?**

☐ immer an die Einschränkungen gehalten

☐ meistens an die Einschränkungen gehalten

☐ oft an die Einschränkungen gehalten

☐ manchmal an die Einschränkungen gehalten

☐ selten an die Einschränkungen gehalten

☐ nie an die Einschränkungen gehalten

17. **Haben Sie die Corona-App auf Ihrem Smartphone installiert?**

☐ ja   ☐ nein

18. **→ Wenn nein**

☐ ich werde die App sicher noch installieren

☐ ich werde die App wahrscheinlich noch installieren

☐ ich werde die App wahrscheinlich nicht installieren

☐ ich werde die App sicher nicht installieren

☐ ich besitze kein Smartphone bzw. die App funktioniert nicht auf meinem Smartphone

19. Wie wahrscheinlich ist es, dass man von der Polizei oder dem Ordnungsamt erwischt wird, wenn man sich nicht an die Corona-Einschränkungen hält?

Gar   nicht   sehr
wahrscheinlich   wahr-
                                                                                          scheinlich

20. Stellen Sie sich vor, Sie hätten sich nicht an eine der Corona-Auflagen gehalten und wären erwischt worden. Wir schlimm wäre das für Sie gewesen?

überhaupt   sehr
nicht   schlimm
schlimm

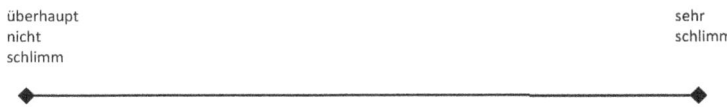

21. Die Einschränkungen wegen der Corona-Krise werden ja unterschiedlich bewertet. Insbesondere wird die Einschränkung von Grundrechten durch die Corona-Schutzmaßnahmen diskutiert: Einige sagen, diese Einschränkungen seien notwendig, um die Gesundheit der Bevölkerung zu schützen. Andere haben aber auch Sorgen, dass unsere Grundrechte durch die Corona-Schutzmaßnahmen zu stark eingeschränkt werden. Wie sehen Sie das? Halten Sie die Einschränkungen von Grundrechten zum Schutz vor der Corona-Pandemie für gerechtfertigt oder für nicht gerechtfertigt?

überhaupt   voll-
nicht   kommen
gerecht-   gerechtfertigt   fertigt

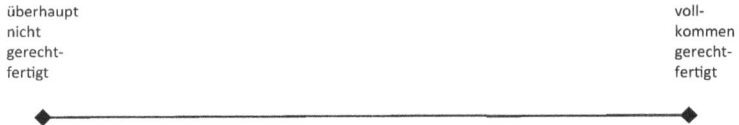

22. **Wenn ein Impfstoff gegen Covid-19 verfügbar sein wird, wie wahrscheinlich ist es, dass Sie sich impfen lassen?**

       ☐ sehr wahrscheinlich

       ☐ ziemlich wahrscheinlich

       ☐ unentschieden

       ☐ wenig wahrscheinlich

       ☐ überhaupt nicht wahrscheinlich

23. **Haben Sie an Demonstrationen gegen die Beschränkungen wegen der Corona-Pandemie teilgenommen?**

       ☐ Ja   ☐ Nein

24. **In der Politik reden die Leute häufig von „links" und „rechts". Wo würden Sie sich einordnen?**

Links   Rechts

◆————————————————————————◆

25. Welche Partei würden Sie wählen, wenn am kommenden Sonntag Bundestagswahl wäre?

☐ CDU/CSU

☐ SPD

☐ AfD

☐ FDP

☐ Die LINKE

☐ Bündnis '90/Die Grünen

☐ Eine andere Partei: _____

☐ Ich würde nicht wählen.

☐ Ich dürfte nicht wählen.

26. *26. Welcher dieser Aussagen stimmen Sie zu:*

☐ Gesetze muss man ohne Ausnahme befolgen

☐ In Ausnahmesituationen muss man seinem Gewissen folgen und Gesetze übertreten

☐ An Gesetze muss man sich nur halten, wenn sich die Regierung auch daran hält.

☐ Gesetze muss man nur befolgen, wenn man mit ihnen einverstanden ist

☐ Gesetze muss man nicht befolgen, wenn es keine negativen Folgen hat

27. Bitte geben Sie bei jeder Aussage an, inwieweit Sie dieser Aussage zustimmen können.

	stimme gar nicht zu	stimme wenig zu	stimme etwas zu	stimme ziemlich zu	stimme voll und ganz zu
(1) Ich bin davon überzeugt, dass die meisten Menschen gute Absichten haben.	☐ 1	☐ 2	☐ 3	☐ 4	☐ 5
(2) Heutzutage kann man sich auf niemanden mehr verlassen.	☐ 1	☐ 2	☐ 3	☐ 4	☐ 5
(3) Im Allgemeinen kann man den Menschen vertrauen.	☐ 1	☐ 2	☐ 3	☐ 4	☐ 5

28. Bitte geben Sie an, wie wahrscheinlich Sie die folgenden Aussagen finden

Ich denke,...

(1) ... es geschehen viele sehr wichtige Dinge in der Welt, über die die Öffentlichkeit nie informiert wird.

0%	10%	20%	30%	40%	50%	60%	70%	80%	90%	100%
sicher nicht	äußerst unwahr-schein-lich	Sehr unwahr-schein-lich	unwahr-schein-lich	eher unwahr-schein-lich	unent-schieden	eher wahr-schein-lich	wahr-schein-lich	sehr wahr-schein-lich	äußerst wahr-schein-lich	sicher
☐	☐	☐	☐	☐	☐	☐	☐	☐	☐	☐

(2) ... Politiker geben uns normalerweise keine Auskunft über die wahren Motive ihrer Entscheidungen.

0%	10%	20%	30%	40%	50%	60%	70%	80%	90%	100%
sicher nicht	äußerst unwahr-schein-lich	Sehr unwahr-schein-lich	unwahr-schein-lich	eher unwahr-schein-lich	unent-schieden	eher wahr-schein-lich	wahr-schein-lich	sehr wahr-schein-lich	äußerst wahr-schein-lich	sicher
☐	☐	☐	☐	☐	☐	☐	☐	☐	☐	☐

(3) ... Regierungsbehörden überwachen alle Bürger genau.

0%	10%	20%	30%	40%	50%	60%	70%	80%	90%	100%
sicher nicht	äußerst unwahr-schein-lich	Sehr unwahr-schein-lich	unwahr-schein-lich	eher unwahr-schein-lich	unent-schieden	eher wahr-schein-lich	wahr-schein-lich	sehr wahr-schein-lich	äußerst wahr-schein-lich	sicher
☐	☐	☐	☐	☐	☐	☐	☐	☐	☐	☐

(4) ... Ereignisse, die auf den ersten Blick nicht miteinander *in Verbindung zu stehen scheinen*, *sind oft das Ergebnis geheimer Aktivitäten.*

0%	10%	20%	30%	40%	50%	60%	70%	80%	90%	100%
sicher nicht	äußerst unwahr-schein-lich	Sehr unwahr-schein-lich	unwahr-schein-lich	eher unwahr-schein-lich	unent-schieden	eher wahr-schein-lich	wahr-schein-lich	sehr wahr-schein-lich	äußerst wahr-schein-lich	sicher
☐	☐	☐	☐	☐	☐	☐	☐	☐	☐	☐

(5) ... es gibt geheime Organisationen, die großen Einfluss auf politische Entscheidungen haben.

0%	10%	20%	30%	40%	50%	60%	70%	80%	90%	100%
sicher nicht	äußerst unwahr-schein-lich	Sehr unwahr-schein-lich	unwahr-schein-lich	eher unwahr-schein-lich	unent-schieden	eher wahr-schein-lich	wahr-schein-lich	sehr wahr-schein-lich	äußerst wahr-schein-lich	sicher
☐	☐	☐	☐	☐	☐	☐	☐	☐	☐	☐

29. **Stellen Sie sich vor, Sie haben 1000 €. Diese können Sie investieren, indem Sie einen beliebigen Anteil davon einer anderen, unbekannten Person anvertrauen. Den Rest des Geldes behalten Sie auf jeden Fall. Der investierte Anteil wird verdreifacht. Die andere Person kann Ihnen einen Teil des verdreifachten Geldbetrags zurückgeben, wieviel das ist, entscheidet die Person selbst. Wenn Sie also viel Geld investieren und die andere Person den Gewinn fair mit Ihnen teilt, können Sie dadurch Ihr Geld vermehren. Wenn die andere Person unfair ist, können Sie Geld verlieren. Wie viel Geld würden Sie investieren? (0-1000 €)**

Antwort: _____

30. **Wie sehr vertrauen Sie folgenden Informationsquellen?**

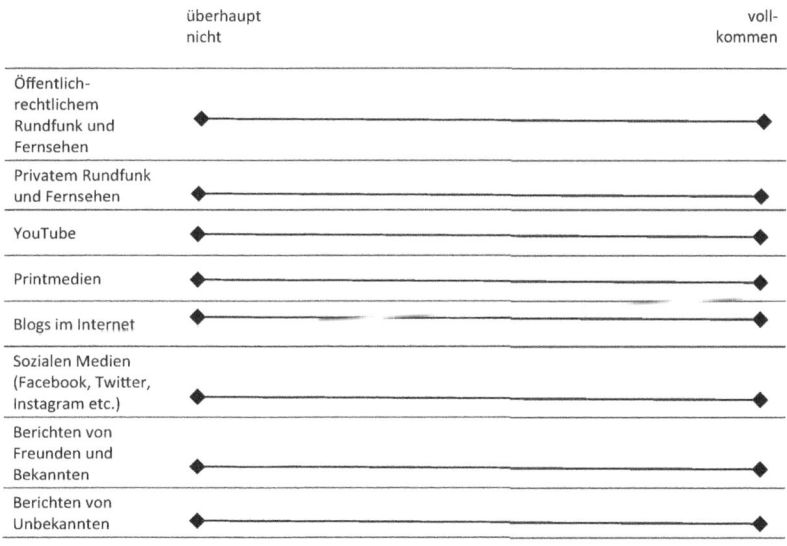

31. *Inwieweit treffen die folgenden Aussagen auf Sie zu?*

		trifft überhaupt nicht zu	trifft eher nicht zu	weder noch	eher zutreffend	trifft voll und ganz zu
(1)	Ich bin eher zurückhaltend, reserviert.	☐ 1	☐ 2	☐ 3	☐ 4	☐ 5
(2)	Ich schenke anderen leicht Vertrauen, glaube an das Gute im Menschen.	☐ 1	☐ 2	☐ 3	☐ 4	☐ 5
(3)	Ich bin bequem, neige zur Faulheit.	☐ 1	☐ 2	☐ 3	☐ 4	☐ 5
(4)	Ich bin entspannt, lasse mich durch Stress nicht aus der Ruhe bringen.	☐ 1	☐ 2	☐ 3	☐ 4	☐ 5
(5)	Ich habe nur wenig künstlerisches Interesse.	☐ 1	☐ 2	☐ 3	☐ 4	☐ 5
(6)	Ich gehe aus mir heraus, bin gesellig.	☐ 1	☐ 2	☐ 3	☐ 4	☐ 5
(7)	Ich neige dazu, andere zu kritisieren.	☐ 1	☐ 2	☐ 3	☐ 4	☐ 5
(8)	Ich erledige Aufgaben gründlich.	☐ 1	☐ 2	☐ 3	☐ 4	☐ 5
(9)	Ich werde leicht nervös und unsicher.	☐ 1	☐ 2	☐ 3	☐ 4	☐ 5
(10)	Ich habe eine aktive Vorstellungskraft, bin fantasievoll.	☐ 1	☐ 2	☐ 3	☐ 4	☐ 5

The manufacturer's authorised representative in the EU is Springer
Nature Customer Service Centre GmbH, Europaplatz 3, 69115 Heidelberg,
Germany. If you have any concerns regarding our products, please
contact ProductSafety@springernature.com

Printed and bound by CPI Group (UK) Ltd, Croydon, CR0 4YY
24/04/2026
02096358-0006